上海科技成果转化
服务手册

刘群彦 邹 涛 许晨辉 陆辰君◎主编

Shanghai Service Manual
About Technology Commercialization

上海交通大学出版社
SHANGHAI JIAO TONG UNIVERSITY PRESS

内容提要

本书内容涵盖科技成果转化基础知识、转化方式、成果定价等管理政策,重点解读上海市科技成果转化创新改革政策,解答技术转移机构建设、人才队伍引育等问题,并针对科技人员科技创业活动的实际问题,梳理与创业过程相关的操作性知识。本书通过 200 个问答讲解,旨在激发科研人员创新活力,促进科技成果转化。本书可作为上海市科研事业单位、科研管理人员与科研工作者关于科技成果转化与科技创业活动的实务性操作指南。

图书在版编目(CIP)数据

上海科技成果转化服务手册/刘群彦等主编.
上海:上海交通大学出版社,2025.4.—ISBN 978 - 7 - 313 - 32297 - 5

Ⅰ.F124.3 - 62
中国国家版本馆 CIP 数据核字第 2025XL1289 号

上海科技成果转化服务手册
SHANGHAI KEJI CHENGGUO ZHUANHUA FUWU SHOUCE

主　编:刘群彦　邹　涛　许晨辉　陆辰君

出版发行:上海交通大学出版社　　　　　　地　　址:上海市番禺路 951 号
邮政编码:200030　　　　　　　　　　　　电　　话:021 - 64071208
印　　制:上海颛辉印刷厂有限公司　　　　经　　销:全国新华书店
开　　本:710mm×1000mm　1/16　　　　印　　张:9
字　　数:143 千字
版　　次:2025 年 4 月第 1 版　　　　　　　印　　次:2025 年 4 月第 1 次印刷
书　　号:ISBN 978 - 7 - 313 - 32297 - 5
定　　价:68.00 元

本书编委会

主　　编: 刘群彦　邹　涛　许晨辉　陆辰君

副主编: 冯天宇　宋艳菊　孟振伟　邹叔君

编　　委: 李　畅　傅　杰　施　雯　娄　玲

　　　　　王　强　汪冬梅　嵇轶伦　邱杭灯

　　　　　许　锋　田　丰　曹　申　刘　威

前　言

PREFACE

　　党的十八大以来，我国深入推动实施创新驱动发展战略，提出加快建设创新型国家的战略任务，以科技体制改革推进科技自立自强。2024 年 7 月，中国共产党第二十届中央委员会第三次全体会议审议通过《中共中央关于进一步全面深化改革、推进中国式现代化的决定》，明确提出深化科技成果转化机制改革，加强国家技术转移体系建设，加强技术经理人队伍建设，允许科技人员在科技成果转化收益分配上有更大自主权，建立职务科技成果资产单列管理制度，深化职务科技成果赋权改革。

　　创新增强活力，改革释放红利。上海着力在科技成果转化制度创新上做文章，先后出台、发布了《上海市促进科技成果转化条例》（2017 年）、《上海市促进科技成果转移转化行动方案（2017—2020）》（2017 年）、《关于进一步深化科技体制机制改革增强科技创新中心策源能力的意见》（2019 年）、《上海市促进科技成果转移转化行动方案（2024—2027 年）》（2024 年）等法规和政策。在系列政策出台和行动措施支持下，"科学家敢干、资本敢投、企业敢闯、政府敢支持"的科技创新生态环境呈现出巨大变化，科技创新范式也发生了深刻变革。

　　为深化科技成果使用权、处置权和收益权改革，充分激发科研人员创新创造活力，促进科技成果转移转化，上海市科学技术委员会（以下简称"市科委"）、上海市教育委员会、上海市卫生健康委员会等 7 部门于 2023 年 7 月印发了《上海市科技成果转化创新改革试点实施方案》（以下简称《实施方案》）。《实施方案》聚焦科技成果产权制度改革、科技成果全链条管理、市场政府双向支撑的合规保障 3 个方面，实施 7 项改革试点任务、1 项保障任务，在科技成果转化尽职免责、职务科技成果单列管理两个方面形成工作指引，指导试点单位结合实际建立配套制度。

针对科技成果转化政策性强、创新主体改革基础差异性大、创新改革落地实施难度大等特点,为进一步帮助上海市科研事业单位、科研管理人员及科研工作者深入了解现有政策、落实科技创业活动,市科委指导相关单位编写了本书。

本书通过提问的形式,提供了 200 个与科技成果转化和科技创业活动紧密相关的实务性操作解答。全书分为三章:第一章聚焦成果转化基础知识、转化方式、成果定价等与科技成果转化管理相关的主要政策;第二章以解读上海市科技成果转化创新改革政策为主,同时对技术转移机构建设、人才队伍引育、技术转移合同等问题进行解答;第三章面向科研人员科技创业活动的实践问题,梳理了科技创业过程中的部分操作性知识。

本书在市科委指导及技术转移领域相关专家深度参与下,由上海市高校科技发展中心、上海探九技术转移公司、上海东方环发律师事务所、上海高知汇科技成果转化研究院组织人员编写。由于科技成果转化工作所涉及的法律政策多、资料范围广、操作实践性强,本书在编写过程中可能存在疏漏或偏差之处,敬请读者批评指正,以便后续再次优化和完善,继续为国家和上海市科技成果创新事业贡献新的力量。

2025 年 2 月

目 录

CONTENTS

第一部分

科技成果转化政策

一、基础知识

1 什么是科技成果?

根据《中华人民共和国促进科技成果转化法(2015年修订)》(以下简称《促进科技成果转化法》)第2条的规定,科技成果是指通过科学研究与技术开发所产生的具有实用价值的成果。该条规定定义的科技成果概念,应该包括三层含义:

(1)科技成果的主要来源是科学研究和技术开发,通常是指采用学术研究、概念提出、试验探索、样品研制、迭代开发等活动所取得的成果。

(2)科学研究和技术开发的成果具有实用性特点。一般来说,实用性的科技成果经过后续验证、中间试验之后能够形成产品或商品,并产生一定的经济效益。

(3)科技成果通常以知识产权为表现形式。专利、专利申请、技术秘密、计算机软件、集成电路布图设计、植物新品种等知识产权均可视为科技成果,但商标、研究报告等知识产权不在科技成果的范围之内。

需要指出的是,《中华人民共和国民法典》(以下简称《民法典》)和《中华人民共和国专利法》(以下简称《专利法》)分别从技术合同和专利保护角度对科技成果中的"技术成果"和"发明创造"作出了具体规定。技术成果是强调以知识产权为表现形式的技术方案,其外延比科技成果要小一些。发明创造的外延比技术成果更小,它除了关注实用性之外,更加重视创造性和新颖性,并体现科技成果的市场竞争和保护属性。

2 什么是职务科技成果?

法律政策中的职务科技成果可结合不同法律政策的调整对象进行解释。

(1) 职务科技成果。《促进科技成果转化法》第 2 条规定的职务科技成果,是指执行研究开发机构、高等院校和企业等单位的工作任务,或者主要是利用上述单位的物质技术条件所完成的科技成果。

(2) 职务技术成果。《民法典》第 847 条规定,职务技术成果是执行法人或者非法人组织的工作任务,或者主要是利用法人或者非法人组织的物质技术条件所完成的技术成果。

(3) 职务发明创造。《专利法》第 6 条规定,职务发明创造是执行本单位的任务或者主要是利用本单位的物质技术条件所完成的发明创造。

因此,职务科技成果、职务技术成果、职务发明创造均是科研人员为完成单位工作任务,或使用物质技术条件所完成的科技成果。

3 技术秘密的构成要件有哪些?

技术秘密作为科技成果类知识产权保护的重要手段,是商业秘密的一种类型。技术秘密适用《中华人民共和国反不正当竞争法》第 9 条关于"商业秘密"的规定,而商业秘密是指不为公众所知悉、具有商业价值并经权利人采取相应保密措施的技术信息和经营信息等商业信息。

2020 年《最高人民法院关于审理技术合同纠纷案件适用法律若干问题的解释》第 1 条规定,技术秘密是指不为公众所知悉、具有商业价值并经权利人采取相应保密措施的技术信息。实践中的技术秘密包括产品配方、工艺流程、设计图纸、技术方案、质量控制方法、研发数据、计算机程序等。技术秘密的构成要件包括:

(1) 秘密性,即"不为公众所知悉"。技术秘密是不为所属领域的相关人员普遍知悉,无法从公开渠道获得的技术信息。

(2) 价值性,即"具有商业价值"。技术秘密因属于保密信息而为权利人带来具有现实的或潜在的经济利益,或者能为权利人确立相对于竞争对手的竞争优势。

(3) 保密性,即"采取相应保密措施"。权利人采取防止泄露的措施,如签订保密协议或条款约定保密义务;通过制度、培训、告知等对员工、客户、访客等提出保密要求。

4 创新主体应采取哪些知识产权管理措施?

知识产权作为科技成果的重要表现形式,是科技成果转化的重要基础和载体。高校、科研院所、医疗卫生机构、企业等创新主体应依照国家和地方法规政策,加强知识产权管理,以管理促创新,以保护强管理,积极推进科技成果类知识产权的转化运用。可采取如下具体措施:

(1) 加强统筹协调,建立管理机构。建立统筹协调的知识产权领导机构,协调知识产权信息、转化、人事、财务管理等部门。健全知识产权工作机构,引育更多专业人才。

(2) 明确战略规划,完善管理制度。结合单位科学研究战略,明确知识产权申请、登记、保护、转化等具体内容。制定知识产权归属、信息、保护等具体制度,明确知识产权管理规范。

(3) 强化宣传普及,提升保护能力。组织知识产权法律、法规的教育培训,开展知识产权申请、保护、转化等工作。探索商业评估、专利分析、专利布局等市场化措施,在技术转移和技术推广中强化技术秘密保护。

(4) 加强过程保护,及时处理争议。在论文发表、科技报告、技术推广、校企合作、成果转化、国际交流等过程中,强化知识产权保护措施。及时协调本单位内部知识产权争议,处理与他人相关的纠纷。

5 如何界定职务科技成果?

根据《促进科技成果转化法》《民法典》和《专利法》的规定,认定职务科技成果的基本条件有两个,即完成本单位工作任务和使用单位物质技术条件。尽管《促进科技成果转化法》及相关政策并无具体界定职务科技成果的规定,但因职务发明创造、职务技术成果均是职务科技成果的重要类型,对于职务科技成果的具体界定,可以参考《中华人民共和国专利法实施细则》《最高人民法院关于审理技术合同纠纷案件适用法律若干问题的解释》的规定。

(1) 关于职务科技成果的权利单位。"本单位"既包括法人组织和非法人组织,也包括人事劳动关系所在单位和临时工作单位。

(2) 执行本单位的工作任务范围。"执行本单位工作任务"包括:在本职工作中完成的技术开发工作;履行岗位职责或者承担其交付的其他技术开发任务;履行本单位交付的本职工作之外的任务;离职后一年内继续从事与在原单位承担的本职工作或者交付的任务有关的技术开发工作,但法律、行政法规另有规定的除外。法人或者非法人组织与其职工就职工在职期间或者离职以后所完成的技术成果的权益有约定的,依约定确认。

(3) 利用本单位物质技术条件的界限。"物质技术条件"包括资金、设备、器材、原材料、未公开的技术信息和资料等。"主要是利用本单位物质技术条件"包括职工在技术成果的研究开发过程中,全部或者大部分利用了法人或者非法人组织的资金、设备、器材或者原材料等物质条件,并且这些物质条件对形成该技术成果具有实质性的影响;还包括该技术成果实质性内容是在法人或者非法人组织尚未公开的技术成果、阶段性技术成果基础上完成的情形。但下列两种情况不属于"主要是利用本单位物质技术条件":①对利用法人或者非法人组织提供的物质技术条件,约定返还资金或者交纳使用费的;②在技术成果完成后利用法人或者非法人组织的物质技术条件对技术方案进行验证、测试的。

上述规范性文件对职务技术成果或职务发明创造的认定要求,可以适用于所有类型职务科技成果的界定。职务科技成果权利人可在合法合规前提下,通过制定内部制度进行规范管理。

6 署名科研人员为完成人的科技成果一定归属其所在单位吗?

最高人民法院在《海默科技(集团)股份有限公司、西安铭度石化科技有限公司专利权权属纠纷案二审判决书》(〔2022〕最高法知民终 1600 号)中认为:科研人员有在工作过程中通过自身学习、探索内化成个人能力的经验、知识和技能的自由。

科研人员经验、技能的积累与单位密不可分,但并不必然导致研发人员在知识、经验、技能之上形成的科技成果权属归于主张权利的单位。因此,职务发明创造的认定并不取决于发明创造是在单位内还是单位外作出,也不取决于是在工作时间还是业余时间完成,其决定因素在于是否执行本单位任务或主要利用本单位物质技术条件。

在高校、科研院所、医疗卫生机构、企业等创新主体科技成果转化实践中,尤其是科研人员所创办的企业中,存在以个人名义或以创业企业名义申报知识产权的情形。个别科研人员人事劳动关系所在单位的制度文件,规定"科研人员如擅自以个人名义,或以关联企业等主体申报知识产权的行为,属于侵犯单位合法权益的违法行为"是否合理,需要结合法律政策和实际情况进行具体分析。

7 科技成果完成人享有哪些权利?

科技成果完成人所享有的权利,因职务科技成果和非职务科技成果的不同而不同。

(1) 职务科技成果完成人所享有的权利。根据《促进科技成果转化法》《专利法》《民法典》等的规定,职务科技成果完成人享有:①署名权和获得荣誉奖励权。《民法典》第849条规定"完成技术成果的个人享有在有关技术成果文件上写明自己是技术成果完成者的权利和取得荣誉证书、奖励的权利"。②现金或股份奖励获取权。《促进科技成果转化法》第45条根据转让、许可、作价投资、合作实施等方式的不同,规定了职务科技成果完成人的不同比例的现金或股份获奖权利。③优先受让权。《民法典》第847条规定"法人或者非法人组织订立技术合同转让职务技术成果时,职务技术成果的完成人享有以同等条件优先受让的权利"。④特殊权利。在职务科技成果所在单位开展赋予科研人员职务科技成果所有权或长期使用权试点前提下,完成人还可能获得职务科技成果的所有权或长期使用权。

(2) 非职务科技成果完成人所享有的权利。根据《专利法》《民法典》等的规定,非职务科技成果完成人享有:①知识产权申请权。《专利法》对非职务发明创造规定为"非职务发明创造,申请专利的权利属于发明人或者设计人;申请被批准后,该发明人或者设计人为专利权人""对发明人或者设计人的非职务发明创造专利申请,任何单位或者个人不得压制"。②署名权和获得荣誉奖励权。《民法典》第849条的规定同样适用于非职务科技成果完成人,即"完成技术成果的个人享有在有关技术成果文件上写明自己是技术成果完成者的权利和取得荣誉证书、奖励的权利"。③技术合同订立权。《民法典》第848条"非职务技术成果的使用权、转让权属于完成技术成果的个人,完成技术成果的个人可以就该项非职务技术成果订立技术合同"。

8 医疗卫生机构的职务科技成果有何特殊规定?

2022年《上海市促进医疗卫生机构科技成果转化操作细则(试行)》规定,医疗卫生机构科技成果的范围包括:

(1) 创新药物和疫苗。

(2) 医疗器械和诊断试剂。

（3）预防和临床诊治新技术。

（4）特殊医学用途配方食品。

（5）数字诊疗等技术与产品的研究开发、临床试验、转移转化和推广应用活动。

可见，医疗卫生机构的科技成果有安全性要求高、申报新药或医疗器械周期长、与生命健康紧密结合等特点，对职务科技成果的界定要求比高校和科研院所更为复杂，但结合前述关于职务科技成果界定要求，仍然可以通过知识产权认定方式进行合理认定。

9 什么是科技成果转化？

《促进科技成果转化法》第 2 条规定，科技成果转化是指为提高生产力水平而对科技成果所进行的后续试验、开发、应用、推广直至形成新技术、新工艺、新材料、新产品，发展新产业等活动。这个定义可以从如下几个方面进行理解：

（1）转化的目的是提高生产力水平。明确科技成果转化是为提高生产力水平，即把具有实用价值的科技成果通过一定过程实现商品化或产业化，满足消费者的生产和生活需求。

（2）转化的对象是实用性科技成果。将科学研究与应用开发所产生的具有实用价值的科技成果，通过后续概念验证、样品试制、中间试验等实际生产服务活动，服务于产业进步。

（3）转化的过程具有复合多样性。在实用性科技成果基础上所开展的转化活动，既包括技术推广、技术扩散、合作实施、技术交易等技术转移活动，也包括技术试验、技术开发、应用生产等商品化的成果转化过程。

（4）转化的结果是发展新产业。只有做到"直至形成新产品、新工艺、新材料，发展新产业等"，方能看到"多大程度提高了生产力水平"的结果，也才能提高科技成果转化成效。

需要提出的是，对于危害国家安全、损害国家利益或社会公共利益、违反国家产业政策、国家明令禁止使用或已经限期淘汰等科技成果，不得实施转化活动。涉及国家秘密、国家安全及关键核心技术的科技成果转化，需要经过行政主管部门按照国家有关保密制度的规定审批。科研事业单位等创新主体应当建立健全管理制度，明确不得开展职务科技成果转化的科技成果及具体转化行为。

10　科技成果完成人的范围有哪些?

《促进科技成果转化法》第 44 条规定,职务科技成果转化后,由科技成果完成单位对完成、转化该项科技成果作出重要贡献的人员给予奖励和报酬。但是,相关法律政策对科技成果完成人的具体范围并未作出明确界定。

2020 年《最高人民法院关于审理技术合同纠纷案件适用法律若干问题的解释》规定,"职务技术成果的完成人"和"完成技术成果的个人"是指对技术成果单独或者共同作出创造性贡献的人,也即技术成果的发明人或者设计人。提出技术成果实质性技术构成并由此实现技术方案的人,是作出创造性贡献的人。但是,提供资金、设备、材料、试验条件,进行组织管理,协助绘制图纸、整理资料、翻译文献等人员,不属于"职务技术成果的完成人"或"完成技术成果的个人"。

实践中的科技成果完成人往往是科研项目团队所有成员,科研事业单位可根据完成科技项目的实际情况,结合知识产权证书所载明的内容,由科研项目负责人根据参与人员的创造性贡献大小提交其所在单位确定科技成果完成人的范围。

11　如何界定对转化科技成果作出贡献的人员?

结合《促进科技成果转化法》等法规政策及科技成果转化实践,"转化职务科技成果作出贡献的人员"通常有三类:

(1) 完成科技成果但未在知识产权证书上标记的人员。该类人员是指虽在科技成果的研究开发过程中有贡献,但因各种原因未在科技成果知识产权证书中显名的人员。

(2) 对科技成果后续研发和转化作出贡献的研发人员。该类人员是指对科技成果后续概念验证、中间试验、产品开发、商品应用作出贡献的人员。

(3) 为成果转化活动提供服务的人员。该类人员是指对科技成果的交易推广、评价评估、模式设计、财税法律、投资融资、培育孵化等活动提供服务的人员。

职务科技成果的持有单位可以制定内部制度,结合科研项目完成和科技成果转化的实际情况,在参考科研人员意见基础上,确定对科技成果转化作出贡献人员的具体范围。

二、转化方式

12 科技成果转化有哪些具体方式?

《促进科技成果转化法》第 16 条规定了自行实施转化、转让、许可、合作转化和作价投资 5 种方式,同时用兜底条款规定了"其他协商确定的方式"。因此,科技成果转化有如下 6 种具体转化方式:

(1) 自行投资实施转化。

(2) 向他人转让该科技成果。

(3) 许可他人使用该科技成果。

(4) 以该科技成果作为合作条件,与他人共同实施转化。

(5) 以该科技成果作价投资,折算股份或者出资比例。

(6) 其他协商确定的方式。

实践中的科技成果转化具有复杂性特点,科技成果持有者可以结合实际情况,既可以采用单一形式,也可以多种形式并用,还可以与技术研发、咨询、服务等结合在一起开展科技成果转化活动。多种形式相结合的科技成果转化方式可以视作"其他协商确定的方式"。

结合 2020 年科技部等 9 部门《赋予科研人员职务科技成果所有权或长期使用权试点实施方案》和 2023 年上海市科学技术委员会等 7 部门《关于印发〈上海市科技成果转化创新改革试点实施方案〉的通知》的要求,试点单位可以通过赋予科研人员职务科技成果所有权或长期使用权(以下简称"赋权")实施科技成果转化。需要提出的是,赋权活动仅仅是促进科技成果转化的产权激励手段,并非一种具体转化方式。

13 什么是自行投资实施转化?

《促进科技成果转化法》第 16 条所规定的自行投资实施转化,是由科技成果持有者运用自身资源和能力,对其拥有的科技成果开展持续研发、产品化、商品化和市场化的科技成果转化活动。

自行投资实施转化方式具有如下特点:科技成果的持有者与实施转化者重合,通常不发生科技成果知识产权的权利转移;成果持有者独立承担转化风险;

成果持有者获得全部转化收益,独享后续开发科技成果的权利。

自行投资实施转化是科技成果转化为现实生产力的一种直接方式,有助于科技成果的快速应用和推广,适用于那些拥有足够资源和能力、希望完全控制转化过程的科技成果持有者,但同时也要求科技成果持有者具有较强的市场运营和风险管理能力。

自行投资实施转化需要的资金数量和失败风险较大,只有较大规模的企业,才可能拥有较强的持续研发、中间试验、产品应用、市场推广等能力,在自行实施转化上也拥有较强的实力。因此,自行投资实施转化通常发生在较大规模的企业之中。

14 什么是科技成果转让?

《促进科技成果转化法》第 16 条所规定的科技成果转让,是指科技成果持有人将科技成果转让给科技成果受让人的转化方式。

科技成果转让在《民法典》中的规定是"技术转让",具有如下特点:转让方收取转让费,不与科技成果转化效果直接关联;成果未来收益与风险,通过转让交易全部转移;受让方不仅要求掌握转让知识产权权利,也要求掌握未来科技成果的专利申请权;受让方需要支付的转让费用较多,需要有较强的经济实力。

科研事业单位作为成果转化的重要主体,有较强的科研力量和创新人才资源,但在成果的后续开发、中间试验、市场推广等方面存在不足。因此,科技成果转让一般发生在科研事业单位和企业之间,从而使科研事业单位的研究开发优势与企业的生产经营优势产生互补效应。

15 什么是科技成果许可?

《促进科技成果转化法》第 16 条所规定的科技成果许可,是指被许可人通过与科技成果持有人签订许可合同,获得实施科技成果知识产权的使用权,并开展科技成果转化活动。

科技成果许可在《民法典》中的规定是"技术许可",它是境外技术转移活动中经常采用的方式,具有如下特点:不转移科技成果所有权,被许可人只获得使用权;当科技成果专利权被宣告无效时,被许可人受到的损失相对较小;有多种许可方式可供选择,可以灵活使用。

根据科技成果权利人授予使用权的权利大小及其范围,科技成果许可通常包括4种方式：

（1）独占许可。被许可方在合同范围内对科技成果的实施享有独占使用权。合同约定的范围包括时间和地域范围，被许可方完全独占许可方使用权，包括许可方在内的他人均被排除在外。

（2）排他许可。许可方允许被许可方在约定的范围内独家实施其科技成果，而不再许可任何第三方使用，但许可方仍保留实施该成果的权利。

（3）普通许可。许可方允许被许可方在约定范围内使用成果，同时保留许可方使用该成果，并可以允许被许可方以外的他人实施。

（4）交叉许可。许可各方将各自拥有的成果使用权相互许可使用，互为技术供方和受方。在合同期限和地域内，合同双方对对方的成果享有使用权、产品生产和销售权。

16 什么是科技成果作价投资？

《促进科技成果转化法》第16条所规定的科技成果作价投资，是指将科技成果的价值折算为股份或出资比例，以资本形式投入企业，取得企业的股份权益或股份比例。

科技成果作价投资具体操作适用商法规定。根据《中华人民共和国合伙企业法》（以下简称《合伙企业法》）第16条和《中华人民共和国公司法》（以下简称《公司法》）第48条的规定，股东或合伙人可以用知识产权出资。因此，据以作价投资的科技成果需要确定知识产权的价格，并将知识产权财产权转移到目标企业。

科技成果作价投资的实质是将科技成果从生产要素转变为资本要素，既可以利用科技成果与相关合作方新设企业，也可以将科技成果作价投资到已有企业。这种转化方式允许科技成果持有方将科技成果价值转变为企业股权，有利于使科技成果供求双方形成更紧密的利益共同体，共享利益，共同推进科技成果转化。科技成果作价投资转化方式有如下特点：

（1）实现全链条转化。科技成果的开发、实施、运营形成"转化全链条"，有助于通过企业生产经营活动实现新技术、新工艺、新材料、新产品的产业化。

（2）建立利益共享机制。科技成果持有者可以以共享股权收益的方式，与企业经营管理相结合，促进企业长远发展。

（3）形成风险共担机制。科技成果持有者通过风险共担机制，降低成果转化风险，使成果持有者拥有投资者身份，提高科技成果转化成功率。

（4）实施程序较为复杂。由于科技成果作价投资涉及法律和政策问题较多，实施程序也相对比较复杂。

17　什么是合作实施转化？

《促进科技成果转化法》第 16 条所规定的合作实施转化，是指科技成果的持有者与其他组织或个人合作，共同将科技成果转化为实际产品或服务，以实现科技成果的商业价值和社会价值。

合作实施转化方式的特点有：有利于发挥科研事业单位和企业在科研能力、市场开发能力上的互补作用；聚合多方资源，形成风险分担机制，降低成果转化的市场风险与技术风险。

对于科研事业单位来说，可以将技术开发、技术咨询、技术服务（以下简称"三技服务"）融合到科技成果转让、许可活动中，推进合作实施转化。合作实施转化有多种操作方式，以下方式可供参考：

（1）成果转让＋技术研发。科研事业单位在成果转让给企业的同时，约定后续开展合作研发、委托研发等条款，并对后续知识产权的权利享有者作出约定。

（2）成果许可＋技术研发。科研事业单位在成果许可给企业的同时，约定后续开展合作研发、委托研发等条款，并对后续知识产权的权利享有者作出约定。当然，科技成果的许可的方式可以有多种。

（3）转让许可＋咨询服务。科研事业单位在转让或许可协议中，约定后续提供科技成果转化过程中的技术咨询、技术服务。

合作实施转化是多元综合的科技成果转化方式，能够聚合不同合作方的优势资源，提高科技成果的转化效率和成功率。科技成果持有者可以加速技术的市场化进程，合作方则可以获取先进技术，提升自身的竞争力。

18　"三技服务"活动是不是科技成果转化？

"三技服务"活动是指科研事业单位与企业或其他社会组织通过签订技术开发、技术咨询、技术服务合同所开展的产学研合作活动。2016 年《国务院关于印发实施〈中华人民共和国促进科技成果转化法〉若干规定的通知》中提出：对科技人员在科技成果转化工作中开展技术开发、技术咨询、技术服务等活动给予的奖励，可按照促进科技成果转化法和本规定执行。2016 年《中共中央办公厅、国务院办公厅印发〈关于实行以增加知识价值为导向分配政策的若干意见〉》也规定，技术开发、技术咨询、技术服务等活动的奖酬金提取，按照《中华人民共和国促进科技成果转化法》及《实施〈中华人民共和国促进科技成果转化法〉若干规定》执行。

根据上述规定，判断"三技服务"活动是否在科技成果转化范畴之内的基本要求是需要"在科技成果转化工作中"，具体有如下 3 个条件：

（1）利用已经完成的科技成果是前提条件。

（2）在科技成果自行实施、成果转让、成果许可、合作实施、作价投资基础上开展"三技服务"活动是基本要求。

（3）可以将成果转让、成果许可、合作实施、作价投资条款作为"三技服务"合同内容的一部分，也可以在签订成果转让、成果许可、合作实施、作价投资合同后签订独立的"三技服务"合同。

科技成果持有者可结合具体项目需求，设计合理操作路径，与合作方签订技术合同并进行合同认定登记。

三、成果定价

19　如何建立激励转化的科技成果评价机制？

建立激励转化的科技成果评价机制，是国家政策的重要导向。国务院办公厅《关于完善科技成果评价机制的指导意见》指出，要尊重科技创新规律，坚持正确的科技成果评价导向，健全完善科技成果评价体系，激发科技人员积极性。

（1）坚持正确的科技成果评价导向，解决好"评什么"问题。坚持破立结合，按照科学、技术、经济、社会、文化"五元"价值评价科技成果。着力破解"五唯"问题，完善项目评价、人才计划评审、职称评聘、高等院校和国有企业绩效考核等各类活动的评价指标体系。

（2）构建多主体参与多元评价体系，解决好"谁来评"问题。发挥市场在资源配置中的决定性作用，加快建立标准化绩效评价体系，提升技术转移机构和技术经理人专业化能力，引导科技成果第三方评价机构健康发展。发挥金融机构在科技成果评价中的作用，加大对科技成果转化和产业化的投融资支持。

（3）完善科技成果分类评价机制，解决好"怎么评"问题。根据不同成果类型,形成符合科学规律的多元化分类评价机制。建立全周期评价机制,构建研发过程回溯、阶段性评价和后评估机制。创新评价技术方法,推广标准化评价和"以赛代评",加强科技成果转化服务平台建设。

(4)强化科技成果评价应用,解决好"怎么用"问题。拓展科技成果转化应用场景,加快建设科技成果转化中试示范基地,实施重大科技成果产业化应用示范工程,优化科技成果转化管理流程,制定激励创新、宽容失败的政策措施,优化科技成果评价生态。

20 科技成果价值评估和定价过程中需要考虑哪些因素?

为解决科技成果转化过程中的交易价格参考问题,科研事业单位、企业等创新主体,可以通过建立激励转化的科技成果评价机制,探索应用类科技成果转化的指标体系,实现市场条件下对科技成果交易价值的评判目的。

在具备价值评估条件的前提下,可以参考以下要素对科技成果进行评估,并作为科技成果转化过程中的定价依据:

(1)技术成熟度,即科技成果在从实验室到市场过程中的可靠性、稳定性、安全性和适用性。

(2)技术创新性,即科技成果在理论、方法、技术或产品方面的突破或改进程度。

(3)市场需求匹配度,科技成果的市场需求匹配度,包括潜在的市场规模和用户需求。

(4)产品竞争力,即同类技术或产品市场对比竞争状况及科技成果自身的市场竞争力。

(5)政策支持度,需要符合国家鼓励发展的产业方向,并且有利于增进国家或地区的创新能力和产业进步。

21 科技成果转化过程中有必要进行资产评估吗?

科技成果资产评估是科技成果转化工作中经常遇到的问题。探索符合科技成果转化规律的国有资产管理模式,是科技成果转化体制机制改革的重点内容之一。但是,资产评估并非科技成果转化的必经程序。《事业单位国有资产管理暂行办法》对科技成果资产评估的要求如下:

(1)不进行资产评估。国家设立的研究开发机构、高等院校将其持有的科技成果转让、许可或者作价投资给国有全资企业的,可以不进行资产评估。

（2）自主决定是否进行资产评估。国家设立的研究开发机构、高等院校将其持有的科技成果转让、许可或者作价投资给非国有全资企业的,由单位自主决定是否进行资产评估。

因此,对于国家设立的研究开发机构、高等院校与非国有全资企业的科技成果交易活动,可以通过制定内部制度的方式,自主决定是否进行资产评估。

22　实践中科技成果转化的定价方式有几种?

根据《促进科技成果转化法》的规定,国家设立的研究开发机构、高等院校和医疗卫生机构对其持有的科技成果,应当通过协议定价、在技术交易市场挂牌交易、拍卖等市场化方式确定价格。可见,科研事业单位科技成果定价的法定方式有 3 种:

（1）协议定价。通常意义上的"市场化定价",指科技成果持有方与意向合作方通过协商方式,按照意思自治原则确定价格。

（2）挂牌定价。科技成果持有方在有交易资格机构挂牌,征集更多合作方,以获得更高交易价格。

（3）拍卖定价。科技成果持有方通过有交易资格的机构以公开竞价形式,将科技成果转让、许可或作价投资给最高应价者的定价方式。

在科技成果转化实践中,科研事业单位通常根据科技成果持有方与合作方是否存在关联关系确定定价方式。当科技成果持有方的相关人员与合作方无关联关系时,通常采用协议定价方式,反之则采用挂牌定价方式。拍卖定价方式在实践中较少采用。"关联关系"是指科技成果持有方的相关人员及其近亲属,在合作方中持有股份或者担任董事、监事及其他高级管理人员的情况。

23　科技成果转化是否需要报主管部门及财政部门审批或备案?

2019 年财政部印发的《关于进一步加大授权力度促进科技成果转化的通知》规定,中央级研究开发机构、高等院校将科技成果转让、许可或者作价投资,由单位自主决定是否进行资产评估。

2019 年上海市财政局《关于进一步加大简政放权力度促进市级事业单位国有资产管理工作的通知》规定:

（1）科技成果转化无须审批备案。研究开发机构、高等院校等市级科研事业单位对其持有的科技成果,可以自主决定转让、许可或者作价投资,除涉及国家秘密、国家安全和关键核心技术外,不需报主管部门和市财政局审批或者备案。

(2)"涉密涉安"成果转化需要主管单位审批。涉及国家秘密、国家安全和关键核心技术的科技成果转让、许可或者作价投资,市财政局授权研究开发机构、高等院校等市级科研事业单位的主管部门按照国家有关保密制度的规定进行审批,并于批复之日起 15 个工作日内将批复文件报市财政局备案。

(3)作价投资的国有股权授权主管部门管理。市财政局授权研究开发机构、高等院校等市级科研事业单位的主管部门办理科技成果作价投资形成国有股权的转让、无偿划转或者对外投资等管理事项,不需报市财政局审批或者备案。

四、业务管理

24 职务科技成果完成后有必要向所在单位披露报告吗?

2020 年《教育部 国家知识产权局 科技部关于提升高等学校专利质量促进转化运用的若干意见》规定,高校应逐步建立完善职务科技成果披露制度,科研人员应主动、及时向所在高校进行职务科技成果披露。2021 年《国务院办公厅关于完善科技成果评价机制的指导意见》要求,完善高等院校、科研机构职务科技成果披露制度。2024 年国家知识产权局等 8 部门印发的《高校和科研机构存量专利盘活工作方案》提出,高校和科研机构要落实财政资助科研项目形成的专利声明制度;承担财政资助科研项目的,应在提交专利申请时对依托的项目信息进行声明。《上海市促进科技成果转化条例》也规定,职务科技成果完成人在完成科技成果后,应当向所在单位报告。

国外一些科研机构通常通过发明披露规范技术转移流程,如斯坦福大学要求科研人员在技术研发过程中,通过发明披露向技术转移办公室报告技术名称、发明人、资助来源、发明概念等,为后续商业化评估和技术转移活动做好准备。

职务科技成果披露的内容和流程,可按照国家和上海市规定,根据所在单位设计的《职务科技成果登记表》《技术交底书》《知识产权技术建议书》等文件进行披露和报告。必要时可以与第三方专业机构合作,由其进行专业分析和提出披露内容。如单位拟对职务科技成果采用专利保护措施,在申请专利时要注意,未对科技成果知识产权作出创造性贡献的人,不得署名为发明人;在申请专利前已经以论文或报告等形式公开的技术内容,不能再申请专利。单位在科研人员对职务科技成果披露或报告之后,应当按照其保密制度,强化对科技成果的保密管理。

25 职务科技成果完成后向所在单位披露的主要内容有哪些?

根据国家和上海市的政策要求,结合国内外职务科技成果披露的实践经验,科研人员需要披露的职务科技成果通常包括如下内容:

(1) 科技成果基本信息。科技成果包括科技成果名称、所属领域、经费来源等。

(2) 先前科技成果信息。包括先前是否已经发表论文、是否已经申请相关专利、是否采取了保密措施等。

(3) 科技成果研发情况。科技成果研发情况包括研发背景、研发过程、与先前技术的差别、拟应用领域等。

(4) 科技成果情况描述。具体描述科技成果与同类技术差异性、未来技术发展趋势、市场竞争情况分析、产业应用评估、市场规模大小等。

(5) 知识产权保护规划。包括专利检索结果、专利分析结果、拟采用的保护手段、是否拟申请专利及类型等。

26 科技成果转化过程中需要重点考虑哪些因素?

在影响科技成果转化的各种因素中,技术、资金、机制、人员、市场、政策等均有可能起到促进或制约科技成果转化的作用。在具体科技成果转化活动中,可以重点考虑技术成熟程度、后续研发难度、资金投入强度、市场成熟度与产业化风险、后续成果归属5个方面。

(1) 技术成熟度。它反映了技术对于成果转化目标的满足可能性。在技术、资本、市场、人员等要素扭结叠加的产业化过程中,技术要素的影响权重未必是最高的。但技术的前瞻性、可实施性、所处研发阶段等与技术成熟度相关的指标均有重要作用。

(2) 后续研发难度。科技成果与普通商品有较大的差异,根据现有成果所处阶段和成果的自身特点,往往需要后续研究开发,其难易程度是决定成果转化方式选择的关键因素。

（3）资金投入强度。科技成果转化是利用现有科技成果或知识性资源,进行后续试验、开发、应用、推广,以形成新技术、新工艺、新材料、新产品为目标的新产业发展活动,需要相关主体提供足够强度的资金支撑。

（4）市场成熟度与产业化风险。科技成果转化风险大小的判断,与其未来所形成产品（服务）的市场成熟度紧密相关。市场培育和开发过程充满各种变数,从概念想法到市场产品的任何阶段,都可能存在反复试错甚至失败的情形,即便形成稳定的产品,也可能因难以被消费者接受而无法实现收益。

（5）后续成果归属。在科技成果转化实践中,如果要进行后续研究,以开发出符合市场特点的商品或服务,除对科技成果转化的经费作出合理安排之外,对后续的科技成果作出有效的归属安排就显得十分重要,尤其是对于通过转让、许可、作价投资等方式从他人处获得科技成果,并进行后续转化的情形。

27　科研事业单位成果转让和许可的流程有哪些?

科技成果转化的具体流程,因成果属性、转化主体、转化方式、路径设计等的不同而存在较大差异。同时,不同科研事业单位的科技成果转让和许可流程,其内部规定的差异性也很大。通常来说,科研事业单位成果转让、许可的流程要点如下:

（1）提交申请。科研团队推选代表人,根据不同的转化方式,向其所属部门提交科技成果转化申请。

（2）部门审核。科研团队所属部门初步审核其知识产权、团队成员、成果完成等情况。

（3）合规审核。单位法务部门（或法务专员）对拟转让、许可合同进行合法合规审核。

（4）成果确认。单位科研管理部门对科技成果知识产权时效性、资金来源等进行检索并确认。

（5）转化公示。转化活动系协议定价的,由单位进行公示,公示时间为 15 日,公示期间有异议的进行异议处理。

（6）签署协议。单位与受让方、被许可方就科技成果转让、许可项目签署协议。

（7）权属变更。单位对科技成果转让合同所涉知识产权,通过国家知识产权管理部门或根据协议约定办理变更手续。

上述科技成果转让和许可的流程只是科研事业单位的流程要点,具体流程要结合单位内部规章制度设定。

28 科研事业单位科技成果作价投资的主要流程有哪些?

对科研事业单位来说,科技成果作价投资的专业性和复合性决定了其操作复杂性。以高校为例,根据《教育部关于积极发展、规范管理高校科技产业的指导意见》的规定,"高校除对高校资产公司进行投资外,不得再以事业单位法人的身份对外进行投资",因此其作价投资流程更为复杂。以下介绍高校通过其资产经营公司(或其指定投资单位,简称"持股单位")开展科技成果作价投资的流程。

(1)意向协议签订。高校作为科技成果作价投资方与货币投资合作方就科技成果作价投资签署意向合作协议。

(2)转化部门审批。根据高校内部制度,提交材料到科技成果转化管理部门、法务部门进行内部审批。

(3)持股单位决策。持股单位董事会对作价投资事项进行内部决策。

(4)签署合作合同。高校(含持股单位)与合作方就作价投资事项签署股份合作合同。

(5)成立目标公司。持股单位提交工商注册资料,与合作方、科研团队共同成立目标公司。

(6)资产转让评估。高校将科技成果转让到持股单位和科研团队,由持股单位和科研团队进行资产评估。

(7)产权二次变更。持股单位和科研团队将科技成果以评估价为基础变更至目标公司,完成科技成果(知识产权)出资。

(8)递延纳税办理。持股单位和科研团队办理递延纳税或免税手续。

(9)开展股份管理。持股单位对其在目标公司的国有股份按照规定进行科技成果投后管理。

29 科研事业单位科技成果转化现金奖励的流程有哪些?

科技成果转化现金奖励包括因科技成果转让、许可或作价投资等活动由单位获得的现金收益。根据《促进科技成果转化法》《上海市促进科技成果转化条例》《关于科技人员取得职务科技成果转化现金奖励有关个人所得税政策的通

知》等的规定,结合科研事业单位科技成果转化实践做法,科技成果转化的现金奖励流程通常如下:

(1) 现金到账。科研事业财务部门确定科技成果转化现金收入到账。

(2) 核算收入。科研事业财务部门核算成果转化的净收入。

(3) 制定方案。科研人员根据团队贡献情况,制定并提交现金奖励分配方案。

(4) 奖励公示。科研事业财务部门根据规定对现金奖励方案在本单位公示(公示期为 15 日)。

(5) 依法纳税。科研事业财务部门按个人所得税法规定代扣代缴个人所得税。

(6) 奖励发放。科研事业财务部门根据分配方案向科研人员发放奖酬金。

为简化奖酬金发放流程,现金奖励的公示可以与科技成果转化项目公示合并执行。尤其重要的是,现金奖励应当单列计入当年本单位绩效工资总量,不受年人均收入调控线和年收入增幅限制,不作为核定单位下一年度绩效工资总量的基数,不作为社会保险缴费基数。

30 科技成果转化活动的公示有哪几种类别?

根据《促进科技成果转化法》《国务院关于印发实施〈中华人民共和国促进科技成果转化法〉若干规定的通知》《科技部 财政部 税务总局关于科技人员取得职务科技成果转化现金奖励信息公示办法的通知》《赋予科研人员职务科技成果所有权或长期使用权试点实施方案》《关于印发〈上海市科技成果转化创新改革试点实施方案〉的通知》等的规定,可以把科技成果转化过程中的公示分为 4 种类型:

(1) 协议定价公示。以协议定价方式开展科技成果转化的,科技成果持有单位应当在本单位公示科技成果名称和拟交易价格。

(2) 奖酬分配公示。科技成果持有单位拟对科研人员发放现金奖励或股份奖励的,应当对包含科技成果转化信息、奖励人员信息、现金奖励信息、技术合同登记信息等在本单位进行公示。

(3) 干部奖酬公示。担任领导干部职务科研人员的科技成果转化现金收益和股份收益的奖励的相关内容,应当在本单位公示。

(4) 成果赋权公示。因参与赋权试点而赋予科研人员职务科技成果所有权或长期使用权的活动,应当在本单位公示。

上述 4 类公示,通常公示期限为 15 日,公示期内有异议的,应当先行处理异议。为简化科技成果转化流程、提高转化效率,如果某项科技成果转化活动同时涉及 4 类公示情形的,建议在办理科技成果转化业务活动时,采用"一表通办"方式合并公示。

根据前述法律规定,科技成果持有方采用挂牌交易方式,在技术交易市场挂牌交易确定价格的,可以按照技术交易场所规则进行公示,其公示时间因其规则不同而存在不同时间要求。需要指出的是,挂牌交易公示之后,无须在科技成果持有单位再次公示。

31　科技成果作价投资后的国有股份退出有何政策要求?

根据科研事业单位主管机关和地方政策的不同,对于科研事业单位成果作价投资后的国有股份退出有不同的要求。如《教育部关于加强直属高校所属企业国有资产管理的意见》要求,"高校以科技成果作价入股企业的,应严格履行校内自主决定程序,归属高校的股权,由资产公司统一管理,具备条件的要及时退出,持股时间超过 5 年的,应在年度国有企业财务会计决算报告中予以单独说明"。

再如,《上海市促进医疗卫生机构科技成果转化操作细则(试行)》也规定,以作价投资等方式转化职务科技成果时,医疗卫生机构原则上应当在产品进入市场 5 年内退出其股权份额。

32　成果转化经费管理与横向科研经费管理有何区别?

《促进科技成果转化法》《国务院关于印发实施〈中华人民共和国促进科技成果转化法〉若干规定的通知》等规定,成果转化经费管理是指科研事业单位对因科技成果转让、许可、合作实施、作价投资等活动的收入而开展的净收入核算、收益分配、税收代扣代缴等费用管理活动。横向科研经费管理则是科研事业单位对因技术开发、技术咨询、技术服务活动而获取的费用所采取的绩效发放、管理费扣收、税收缴纳等管理事项。

科研事业单位对科技成果转化经费和横向科研经费均享有法律政策规定之下的自主分配权,需要按照单位财务制度统一管理和分配。两者的主要区别如下:

(1) 法律政策依据不同。成果转化经费管理依据《促进科技成果转化法》

及相关规范性文件;横向科研经费依据《中华人民共和国科学技术进步法》及相关规范性文件。

(2)经费来源合同不同。成果转化经费管理所依据的合同,通常是科技成果的转让、许可、作价投资等合同;横向经费管理所依据的合同,包括技术开发、技术咨询、技术服务合同。技术开发、技术咨询、技术服务活动是发生在科技成果转化过程中的,可以根据合同所涉费用额度,分别按横向科研经费和科技成果转化经费进行管理。

(3)经费处理方式不同。科技成果转化的经费管理,首先要进行净收入的核算,根据科研人员贡献,主要依照单位内部制度规定,用于对科研人员的现金奖励发放;横向科研经费的管理,通常需要按照合作方要求或合同约定进行使用,在单位扣收管理费之后,主要由科研人员用于研究开发和咨询服务活动,也可以按照合同约定向研发人员发放绩效。当横向科研活动发生在科技成果转化过程中时,还需要区分转化经费管理与横向科研经费的比例和金额,而后按照两类管理办法分别进行现金奖励或绩效发放。

(4)是否纳入单位工资总额不同。科技成果转化的现金奖励,计入所在单位绩效工资总量,但不受核定的绩效工资总量限制,不作为人力资源和社会保障、财政部门核定单位下一年度绩效工资总量的基数,不作为社会保险缴费基数。横向科研经费纳入单位财务统一管理,由项目承担单位按照委托方要求或合同约定管理使用。

33 科研事业单位如何建立科技成果转化绩效考评机制?

根据《上海市促进科技成果转化条例》的规定,上海市设立的研究开发机构、高等院校的主管部门以及市科技、财政等部门应当建立符合科技成果转化特点的绩效考核评价制度,将科技成果转化情况作为对相关单位评价、科研资金支持的重要依据之一。因此,科研事业单位应当结合本单位科技成果转化的实际情况,建立科技成果转化绩效考评机制:

(1)完善评价制度。建立健全适合本单位科技成果转化的绩效考核评价制度,在开展年度科研考核、职称评价等活动中推进实施。

(2)设定考评标准。根据科技成果转让、许可、作价投资等转化合同的数量、金额等的经济和社会贡献,分门别类地设定考核评价标准。

(3)优化考评权重。根据单位纵向科研项目、横向科研项目和成果转化项目的具体情况,提高成果转化项目的考评权重,对其下属单位、科研人员进行具体的绩效考核评价。

34 采用许可方式的科技成果转化如何进行会计处理?

2022 年 10 月,财政部会计司发布了 2022 年第一批政府会计准则制度应用案例,以许可方式的会计处理案例如下:

(1) 案例材料。甲高校将环境学院 A 团队完成的"××污染场地绿色可持续修复评估系统",普通许可乙公司使用,许可期限为 2 年,双方约定许可使用费为 40 万元,并签订了合同。甲高校将双方签订的合同到该市技术市场管理办公室办理了技术合同认定登记手续。2022 年 3 月,甲高校收到乙公司银行汇款 40 万元,并按合同约定向乙公司开具零税率增值税普通发票。假设在转化过程中,未发生相关税费。

(2) 案例分析。该案例科技成果采用许可方式转化,适用于《政府会计制度——行政事业单位会计科目和报表》"4609 其他收入"科目核算相关规定:单位科技成果转化所取得的收入,按照规定留归本单位的,按照所取得收入扣除相关费用之后的净收益,借记"银行存款"等科目,贷记"其他收入"科目。

(3) 财务处理。甲高校收到乙公司汇款 40 万元时账务处理如下:①财务会计方面,借:银行存款 40 万元;贷:其他收入 40 万元。②预算会计方面,借:资金结存——货币资金 40 万元;贷:其他预算收入 40 万元。

35 采用转让方式的科技成果转化如何进行会计处理?

根据财政部会计司发布的 2022 年第一批政府会计准则制度应用案例,其中以转让方式的会计处理案例如下:

(1) 案例材料。2022 年 3 月,甲高校将 A 团队完成的"一种××床干洗选煤设备"发明专利,转让至乙公司,双方合同约定转让费为 150 万元,并签订了合同。甲高校将双方签订的合同到该市技术市场管理办公室办理了技术合同认定登记手续。2022 年 3 月双方到专利局办理了专利权归属变更手续,甲高校收到乙公司银行汇款 150 万元,并按约定向乙公司开具零税率增值税普通发票。假定在转让过程中,未发生其他费用。

(2) 案例分析。该案例科技成果采用转让方式转化,适用于《政府会计准则第 4 号——无形资产》第 21 条相关规定:政府会计主体按规定报经批准出售无形资产,应当将无形资产账面价值转销计入当期费用,并将处置收入大于相关处置税费后的差额按规定计入当期收入或者做应缴款项处理,将处置收入小于相关处置税费后的差额计入当期费用。根据《促进科技成果转化法》第43条相关规定,国家设立的研究开发机构、高等院校转化科技成果所获得的收入全部留归本单位。甲高校应将本次转让所获得的款项确认为当期收入。根据《政府会计制度——行政事业单位会计科目和报表》相关规定:单位科技成果转化所取得的收入,按照规定留归本单位的,按照所取得收入扣除相关费用之后的净收益,借记"银行存款"等科目,贷记"其他收入"科目。

(3)账务处理。甲高校收到乙公司150万元款项时账务处理如下:①财务会计方面,借:银行存款150万元;贷:其他收入150万元。②预算会计方面,借:资金结存——货币资金150万元;贷:其他预算收入150万元。

甲高校将转让的"一种××床干洗选煤设备"专利无形资产核销时账务处理如下:①财务会计方面,借:资产处置费用535元;无形资产累计摊销535元;贷:无形资产1070元。②预算会计方面,不做账务处理。

36　采用作价投资的科技成果转化如何进行会计处理?

根据财政部会计司发布的2022年第一批政府会计准则制度应用案例,其中单位直接参股作价投资进行会计处理案例的简要介绍如下:

(1)案例材料。2019年6月,甲高校将环境学院A教授团队完成的"一种废电路板与××废液有价金属协同回收方法"等2项发明专利,作价90万元,联合乙公司共同出资设立丙公司,甲高校(含院系及其团队部分)占股30%。甲高校将本次科技成果转化所获丙公司30%股权分配如下:学校7%、环境学院8%,奖励A教授团队85%。按照甲高校管理规定,归属于学校和环境学院的15%股权(共计丙公司股权的4.5%)由甲高校进行统一核算和管理。甲高校、A教授和乙公司三方签署了出资协议,并按规定完成了产权变更手续。根据投资协议约定,甲高校以知识产权出资13.5万元,占股4.5%;A教授以知识产权出资76.5万元,占股25.5%;乙公司以货币资金出资210万元,占股70%。甲高校无权决定丙公司的财务和经营政策或参与丙公司的财务和经营政策决策,按照政府会计准则制度,甲高校对丙公司采用成本法核算。

甲高校按照政府会计准则制度对发明专利进行会计核算,将专利依法取得时发生的专利申请阶段的注册费、聘请律师费等费用确认为无形资产。截至

2019年6月,甲高校转让的两项发明专利基本情况如下:2020年丙公司没有进行分红,2021年1月丙公司宣告向股东分红50万元,按照持股比例甲高校确认应收股利2.25万元,2021年2月甲高校收到丙公司分红款。2022年,甲高校将对丙公司的股权转让给丁公司,股权转让价款为150万元。

（2）案例分析。初始投资时适用于《政府会计准则第4号——无形资产》第23条相关规定。持有期间分红时适用于《政府会计准则第2号——投资》第16条相关规定。股权处置时适用于《政府会计准则第2号——投资》第19条相关规定。

（3）账务处理。按照初始投资时、持有期间分红时、股权处置时3个时间节点进行处理。

五、技术权益

37 科技成果转让、许可净收入如何核算?

《促进科技成果转化法》第43条规定,国家设立的研究开发机构、高等院校转化科技成果所获得的收入全部留归本单位,在对完成、转化职务科技成果作出重要贡献的人员给予奖励和报酬后,主要用于科学技术研究开发与成果转化等相关工作。

《上海市促进科技成果转化条例》第34条对研发机构、高等院校科技成果转让和许可净收入作出了专门规定,即"转让、许可收入扣除相关税费、单位维护该科技成果的费用,以及交易过程中的评估、鉴定等直接费用后的余额"。因此,科研事业单位的转让和许可净收入可按如下公式核算:

净收入＝成果转让、许可收入－税费－科技成果维护费－直接费用。

其中,科技成果直接费用包括科技成果交易过程中的评估费、鉴定费等。

38 科研事业单位科技成果转化的现金收益可以用于哪些活动?

根据《促进科技成果转化法》《上海市促进科技成果转化条例》《上海市促进医疗卫生机构科技成果转化操作细则（试行）》等的规定,科研事业单位因科技成果转化的净收入全部留归单位,纳入单位预算,不上缴国库。因此,科研事业单位科技成果转化的现金收益可以用于如下几个方面:

（1）奖酬支付。科研事业单位可以将现金收益按照一定比例（不低于70%），向完成和转化职务科技成果作出重要贡献人员支付奖励和报酬。

（2）机构建设。科研事业单位可以将现金收益中单位留存的部分，用于专业化技术转移机构的运行和发展保障。

（3）研发转化。科研事业单位也可以将现金收益中单位留存的部分，用于单位技术研发与其他科技成果转化工作。

39　科研事业单位对科研人员的奖励和报酬如何计算？

根据《上海市促进科技成果转化条例》《上海市促进医疗卫生机构科技成果转化操作细则（试行）》等规定，允许科研事业单位根据以下标准，按照与科技人员的约定或内部文件规定给予科研人员奖励和报酬：

（1）转让和许可。将职务科技成果转让、许可给他人实施的，可以从该项科技成果转让净收入或者许可净收入中提取不低于70%的比例。

（2）作价投资。利用职务科技成果作价投资的，可以从该项科技成果形成的股份或者出资比例中提取不低于70%的比例。

（3）自行实施或合作实施。将职务科技成果自行实施或者与他人合作实施的，在实施转化成功投产后，可以从开始盈利的年度起连续5年，每年从实施该项科技成果产生的营业利润中提取不低于5%的比例。

职务科技成果实施转化的，科技成果完成人可以与单位约定奖励和报酬的比例。有约定的优先，无约定的从单位内部规定。约定的奖励期限届满后依据其他法律法规应当继续给予奖励或者报酬的，从其规定。

40　对完成和转化科技成果有贡献的人员奖励时需要注意哪些问题？

根据《促进科技成果转化法》等的规定，科技成果完成人和对转化作出贡献人员可以获得奖励。在科技成果转化奖金分配实践中，对相关人员的界定需要注意几个问题：

（1）对研发工作无实际贡献的科技人员。对于在科技成果知识产权证书中虽有姓名标记，但经项目负责人及单位认定，对科技成果实际完成没有实际贡献的人员，可以不予奖励。

（2）对研发活动有实际贡献的科技人员。对于虽未在科技成果知识产权证书中标记姓名，但经项目负责人及单位认定，对科技成果实际完成有贡献的人员,可以给予奖励。

（3）对科技成果转化推进有贡献的人员。对于科技成果的专利布局、工程化、投资融资、孵化培育、技术推广等转化活动有贡献的,可以按照"对科技成果转化有贡献人员"进行奖励。

需要说明的是,在科技成果转化过程中,负责转化项目审批、审核的人员,如果没有实际开展协商谈判、模式设计、专利分析、投资融资等专业服务的,不宜参与科技成果转化收益分配。

41 对高校、科研院所领导人员兼职管理政策上应如何掌握?

根据 2016 年中共中央组织部（以下简称中组部）《关于改进和完善高校、科研院所领导人员兼职管理有关问题的问答》,对高校、科研院所领导人员兼职管理政策上应作如下掌握:

高校、科研院所的单位性质、工作职责与党政机关有较大差异,担负着传承和创造知识、推动创新、服务社会等职能,其领导人员大多是相关领域的专家学者,他们的领导岗位与党政领导岗位性质也不尽相同,对他们的兼职,应当坚持从实际出发,实事求是,分类管理。

对高校、科研院所领导人员中属于参照公务员法管理的领导人员,其兼职管理仍按原有规定执行;对不属于参照公务员法管理的领导人员,应按照分层分类管理的原则,区别不同情况,支持他们兼任与其工作或教学科研领域相关的职务,支持他们按有关规定积极参与科技成果转化。同时应强调,高校、科研院所领导人员要认真履行岗位职责,把主要精力放在做好本职工作上,不能因为兼职影响其应履行的职责;经批准兼职的,在兼职活动中要严格遵纪守法。

42 对高校、科研院所领导人员兼职具体应如何进行分类施策?

中组部《关于改进和完善高校、科研院所领导人员兼职管理有关问题的问答》要求对高校、科研院所领导人员兼职,应进行如下分类施策:

高校、科研院所正职经批准可兼任与本单位或者本人教学科研领域相关的社会团体和基金会等职务,兼职数量一般不超过 3 个,兼职不得领取薪酬。

高校、科研院所领导班子其他成员经批准可兼任与本单位或者本人教学科研领域相关的社会团体和基金会等职务,兼职数量一般不超过 3 个;根据工作需要,经批准也可在本单位出资的企业（包括全资、控股和参股企业）或参与合作举办的民办非企业单位兼职,兼职数量一般不超过 1 个。个人不得在兼职单位领取薪酬。

高校、科研院所所属的院系所及内设机构领导人员在社会团体、基金会、民办非企业单位和企业兼职,根据工作需要和实际情况,按干部管理权限由党委(党组)审批,兼职数量应适当控制;个人按照有关规定在兼职单位获得的报酬,应当全额上缴本单位,由单位根据实际情况给予适当奖励。

高校、科研院所领导人员在高水平学术期刊担任编委或在国际学术组织兼职,兼职数量可根据实际情况适当放宽。

高校、科研院所领导人员职务发生变动,其兼职管理应当按照新任职务的相应规定掌握;职务变动后按规定不得兼任的有关职务,应当在 3 个月内辞去。

43 高校、科研院所领导人员成果转化取酬应如何掌握?

中组部《关于改进和完善高校、科研院所领导人员兼职管理有关问题的问答》,提出了如下掌握高校、科研院所领导人员科技成果转化取酬的原则:

高校、科研院所正职和领导班子成员中属中央管理的干部,所属单位中担任法人代表的正职领导,是科技成果的主要完成人或者对科技成果转化作出重要贡献的,可以按照促进科技成果转化法的规定获得现金奖励,原则上不得获取股权激励;领导班子其他成员、所属院系所和内设机构领导人员的科技成果转化,可以获得现金奖励或股权激励,但获得股权激励的领导人员不得利用职权为所持股权的企业谋取利益。

高校、科研院所正职和领导班子成员中属中央管理的干部,所属单位中担任法人代表的正职领导,在担任现职前因科技成果转化获得的股权,可在任现职后及时予以转让,转让股权的完成时间原则上不超过 3 个月;股权非特殊原因逾期未转让的,应在任现职期间限制交易;限制股权交易的,也不得利用职权为所持股权的企业谋取利益,在本人不担任上述职务 1 年后解除限制。

44 "三技合同"是什么? 它可以发放奖酬金吗?

《民法典》第 20 章专章规定的"技术合同",是指当事人之间就技术开发、技术转让、技术许可、技术咨询或者技术服务等活动订立的确立相互之间权利和义务的合同。因此,"三技合同"是指除技术转让、技术许可外的技术开发、技术咨询和技术服务合同。

根据 2019 年《关于进一步深化科技体制机制改革增强科技创新中心策源能力的意见》的要求,结合《关于事业单位科研人员职务科技成果转化现金奖励纳入绩效工资管理有关问题的通知》的规定,"三技合同"是否可以发放奖酬金,要结合合同内容判断其是否在科技成果转化范畴之内,不能简单认为只要是技术开发、技术咨询、技术服务就属于科技成果转化活动。

如果"三技合同"与科技成果转化工作相关,可以根据合同内容确定科技成果转化工作的比例并确定净收入金额,向科研人员发放奖酬金。对于合同约定的技术开发、技术咨询、技术服务内容,需要按照横向科研经费管理办法,在支出设备费、业务费、人员费等直接研发费用之后,向科研人员发放奖酬金。

45 科技成果转化现金奖励是否受绩效工资总量限制?

根据《关于事业单位科研人员职务科技成果转化现金奖励纳入绩效工资管理有关问题的通知》规定,科技成果转化的现金奖励应区分如下情况进行绩效工资管理:

(1) 科技成果转让、许可、作价投资等的现金奖励,计入所在单位绩效工资总量,但不受核定的绩效工资总量限制,不作为人力资源和社会保障、财政部门核定单位下一年度绩效工资总量的基数,不作为社会保险缴费基数。

(2) 对于接受企业或其他社会组织委托取得的项目(下称"委托项目"),经费纳入单位财务统一管理,由项目承担单位按照委托方要求或合同约定管理使用。

(3) 委托项目中属于科技成果转化工作中开展的技术开发、技术咨询、技术服务等活动,虽经认定登记为技术开发、技术咨询、技术服务合同,但仍不受核定的绩效工资总量限制,不作为绩效工资总量基数。

(4) 委托项目不属于职务科技成果转化的,从项目经费中提取的人员绩效支出,应在核定的绩效工资总量内分配,纳入单位绩效工资总量管理。

46 对完成、转化科技成果作出重要贡献的非在岗在学人员如何进行奖励?

《促进科技成果转化法》第 44 条规定:职务科技成果转化后,由科技成果完成单位对完成、转化该项科技成果作出重要贡献的人员给予奖励和报酬。可见,判断是否应当发放奖酬金的依据为是否为"完成、转化科技成果作出重要贡献"，是否在岗、在编、在站、在学并非判断依据。因此，离退休人员、离职人员、博士后出站人员、解除劳务派遣关系人员、毕业学生等（统称"非在岗在学人员"），如果对完成、转化科技成果作出重要贡献的，享有获取奖酬金的权利。

根据《事业单位人事管理条例》（国务院令第 652 号，2014 年施行）、《博士后管理工作规定》（国人部发〔2006〕149 号）等规定，事业单位工作人员在退休或离职后将不再与其签订人事合同，采用劳务派遣方式派驻事业单位人员在派遣合同终止后不再具有用工关系，学生毕业也不再以课题组人员参与单位研究。尽管如此，非在岗在学人员在原有工作岗位中可能存在为完成、转化科技成果作出重要贡献，对其奖酬金是否发放及如何发放就存在问题。

对于实践中可能会发生非在岗在学人员对完成、转化科技成果作出重要贡献的奖酬金发放，建议科研事业单位在其科技成果转化内部制度中作出具体规定，也可在退休、离职、出站、毕业、解除劳动合同时，就奖酬事项进行约定。在没有协议约定情况下，可采取如下措施进行奖励：

（1）征得非在岗在学人员同意。非在岗在学人员享有科技成果转化的知情权，科研事业单位对于职务科技成果转化事项，应当及时告知非在岗在学人员，并征得其同意。

（2）保障非在岗在学奖酬权。对于现金奖励，应当及时向非在岗在学人员发放；对于股份奖励，可以由科研项目或转化项目负责人与非在岗在学人员协商是否放弃及如何持有股份。

（3）按照规定缴纳个人所得税。《关于科技人员取得职务科技成果转化现金奖励有关个人所得税政策的通知》规定，从职务科技成果转化收入中给予科技人员的现金奖励，可减按 50% 计入科技人员当月"工资、薪金所得"，依法缴纳个人所得税。因非在岗在学人员不存在"工资、薪金所得"，应当按照个人所得税法律政策规定，由科研事业单位进行代扣代缴。

六、人事管理

47　现行法律政策对科研人员离岗创业有什么要求？

与科技成果转化相关的政策均支持和鼓励事业单位专业技术人员离岗创新创业。2016 年《国务院关于印发实施〈中华人民共和国促进科技成果转化法〉若干规定的通知》、2017 年《人力资源社会保障部关于支持和鼓励事业单位专业技术人员创新创业的指导意见》、2019 年《人力资源社会保障部关于进一步支持和鼓励事业单位科研人员创新创业的指导意见》等均有科研人员离岗创业的政策规定,具体要求如下:

(1) 完成本职工作。在履行岗位职责、完成本职工作的前提下,经征得单位同意,方可离岗创办企业。

(2) 保留人事关系。原则上保留不超过 3 年时间内的人事关系,从事科技成果转化活动。

(3) 持续科研项目。科技人员离岗创业期间所承担的国家科技计划和基金项目原则上不得中止,确需中止的应当按照有关管理办法办理手续。

(4) 依规依约办理。单位应当建立制度或者与科技人员约定兼职离岗从事科技成果转化期间和期满后的权利义务。

48 离岗创业的科研人员享受哪些权利?

根据 2017 年《人力资源社会保障部关于支持和鼓励事业单位专业技术人员创新创业的指导意见》以及 2019 年《人力资源社会保障部关于进一步支持和鼓励事业单位科研人员创新创业的指导意见》的规定,科研事业单位的科研人员离岗创业的,享有如下权利:

(1) 社会保险续保。事业单位专业技术人员离岗创业期间依法继续在原单位参加社会保险,工资、医疗等待遇,由各地各部门根据国家和地方有关政策结合实际确定。

(2) 工伤保险待遇。创办企业应当依法为离岗创业人员缴纳工伤保险费用,离岗创业人员发生工伤的,依法享受工伤保险待遇。离岗创业期间非因工死亡的,执行人事关系所在事业单位抚恤金和丧葬费规定。

(3) 职称及考核待遇。离岗创业人员离岗创业期间执行原单位职称评审、培训、考核、奖励等管理制度。离岗创业期间取得的业绩、成果等,可以作为其职称评审的重要依据;创业业绩突出,年度考核被确定为优秀档次的,不占原单位考核优秀比例。

(4) 返岗聘任及解聘。离岗创业人员返回时,如无相应岗位空缺,可暂时突破岗位总量和结构比例,将其聘用至不低于离岗创办企业时原岗位等级的岗位。离岗创业人员提出提前返回的,可以提前返回原单位。离岗创业期满无正当理由未按规定返回的,原单位应当与其解除聘用合同,终止人事关系,办理相关手续。

49　科研人员兼职创新、在岗创业有哪些具体规定?

2017年《人力资源社会保障部关于支持和鼓励事业单位专业技术人员创新创业的指导意见》、2019年《人力资源社会保障部关于进一步支持和鼓励事业单位科研人员创新创业的指导意见》等规定,支持和鼓励科研人员兼职创新、在职创办企业。

(1)可以"双线"申报职称。兼职创新、在职创办企业的科研人员既可以在人事关系所在单位,也可以在兼职单位或创业企业申报职称。

(2)获得报酬等奖励激励。到企业兼职创新的科研人员,与企业职工同等享有获取报酬、奖金、股权激励的权利,国家另有规定的从其规定。

(3)享受社会保险权利。兼职单位或创业企业应当依法为兼职创新、在职创办企业人员缴纳工伤保险费,其在人事关系所在单位外工作期间发生工伤的,依法享受工伤保险待遇,由相关单位或企业承担工伤保险责任。鼓励企业为兼职创新人员参加个人储蓄性养老保险提供补贴。

(4)维护所在单位权益。科研人员开展"双创"活动,需要在保证保质保量完成本职工作的基础上,进行兼职创新、在职创办企业。兼职创新、在职创办企业人员享有参加职称评审、项目申报、岗位竞聘、培训、考核、奖励等各方面的权利,工资、社会保险等各项福利待遇不受影响。经与人事关系所在单位协商一致,科研人员兼职创新或在职创办企业期间,可以实行相对灵活、弹性的工作时间。

(5)签订创新创业协议。科研事业单位在科研人员兼职创新和在岗创业期间,应当与其约定兼职期限、保密、知识产权保护等事项。创业项目涉及科研事业单位知识产权、科研成果的,科研事业单位、科研人员及相关企业可以签订协议,明确权益分配等内容。

50　科研事业单位如何选派科研人员到企业工作或者参与项目合作?

2019年《人力资源社会保障部关于进一步支持和鼓励事业单位科研人员创新创业的指导意见》规定,支持和鼓励事业单位选派科研人员到企业工作或者参与项目合作。科研事业单位选派科研人员到企业工作或者参与项目合作服务企业创新活动,需要从如下方面采取措施:

（1）理顺人事管理。科研事业单位根据开展"双创"活动需要，选派科研人员到企业工作或者参与项目合作，应与科研人员变更聘用合同，约定岗位职责、工作标准和考核、工资待遇等。

（2）签订三方协议。派出单位、选派人员、派驻企业应当签订三方协议，约定选派人员的工作内容、期限、报酬、奖励等权利义务以及成果转让、开发收益等权益分配内容。

（3）期满岗位安排。合作期满，选派人员应当返回派出单位原岗位工作，或者由派出单位安排相应等级的岗位工作；所从事工作确未结束的，三方协商一致可以续签协议。选派人员在选派期间执行事业单位人事管理政策规定和派出单位的内部人事管理办法，同时遵守派驻企业的规章制度。

（4）保障选派权益。选派人员在选派期间，与派出单位在岗同类人员享有同等权益，并与派驻企业职工同等享有获取报酬、奖金的权利，国家另有规定的从其规定。选派人员在派驻企业的工作业绩应作为其职称评审、岗位竞聘、考核奖励等的主要依据，派出单位可以按照有关规定对业绩突出人员在岗位竞聘时予以倾斜。

（5）健全分配政策。建立健全事业单位成果转化处置和收益分配政策，事业单位转化科技成果依法获得的收入全部留归本单位，可按国家有关规定对完成或者转化职务科技成果作出贡献的人员给予奖励和报酬，相关支出计入当年本单位绩效工资总量，但不受总量限制，不纳入总量基数。

51 技术转移管理和服务人员是否可以申请职称晋升？

2017年《国务院关于印发〈国家技术转移体系建设方案〉的通知》提出，加强技术转移管理人员、技术经纪人、技术经理人等人才队伍建设，畅通职业发展和职称晋升通道。支持和鼓励高校、科研院所设置专职从事技术转移工作的创新型岗位，绩效工资分配应当向作出突出贡献的技术转移人员倾斜。2019年《关于进一步深化科技体制机制改革增强科技创新中心策源能力的意见》也有"设立技术转移专业岗位，为技术转移人才提供晋升通道"的规定。

自2021年开始，上海市人社局启动了经济系列科技成果转移转化高级职称评审，从事技术转移人员可申报经济系列科技成果转移转化高级职称。截至2023年底，已有近20名市场化技术转移服务机构人员获评高级职称。

因此，技术转移管理和服务人员的职称评审因其所在单位不同分为两类：

①科研事业单位内部从事的管理和服务人员可以依据其内部职称评聘规定，申请职称晋升；②市场化服务机构的管理和服务人员，也可以申请本市经济系列科技成果转移转化高级职称。

七、税收优惠

52　与科技成果转化相关的哪些活动可以免征增值税？

根据 2016 年《财政部、国家税务总局关于全面推开营业税改征增值税试点的通知》附件 1《销售服务、无形资产、不动产注释》、附件 3《营业税改征增值税试点过渡政策的规定》的规定，"转让技术""研发服务"范围内的业务活动，纳税人提供技术转让、技术开发和与之相关的技术咨询、技术服务免征增值税。结合《民法典》关于技术合同的规定，对于与科技成果转化相关活动免征增值税的要求，可作如下理解：

（1）转让和许可业务可以免征增值税。销售无形资产，是指转让无形资产所有权或者使用权的业务活动；技术，包括专利技术和非专利技术。因此，包括技术秘密、专利申请权在内的科技成果转让和许可活动均可享受免征增值税的税收优惠。

（2）技术研发业务可以免征增值税。技术研发或技术开发服务是指就新技术、新产品、新工艺或者新材料及其系统进行研究与试验开发的业务活动，具体可以包括合作研发和委托研发。

（3）技术咨询和技术服务业务有条件免征增值税。与技术转让、技术开发相关的技术咨询、技术服务，即转让方或受托方根据技术转让或者开发合同的规定，为帮助受让方或委托方掌握所转让或委托开发的技术，而提供的技术咨询、技术服务业务，可以免征增值税。单纯的技术咨询和技术服务业务不享受免征增值税。

需要说明的是，与技术转让、技术开发相关的技术咨询、技术服务业务的价款与技术转让或者技术开发的价款应当在同一张发票上开具。纳税人申请免征增值税时，须由省级科技部门认定，并持有书面合同和科技部门审核意见证明文件报税收主管机关备查。

53 科研事业单位接受企业投入基础研究可以享受的税收优惠政策有哪些要求?

根据 2022 年《财政部 税务总局关于企业投入基础研究税收优惠政策的公告》和 2023 年《上海市企业投入基础研究合同登记操作指引(试行)》的规定,科研事业单位接受企业投入基础研究可以享受的税收优惠政策要求如下:

(1)税前加计扣除。对企业出资给非营利性科学技术研究开发机构(简称科研机构)、高等学校和政府性自然科学基金用于基础研究的支出,在计算应纳税所得额时可按实际发生额在税前扣除,并可按 100% 在税前加计扣除。

(2)免征企业所得税。对非营利性科研机构、高等学校接收企业、个人和其他组织机构基础研究资金收入,免征企业所得税。

《财政部 税务总局关于企业投入基础研究税收优惠政策的公告》还对非营利性科研机构、高等学校进行了限定,认为其包括国家设立的科研机构和高等学校、民办非营利性科研机构和高等学校。基础研究是指通过对事物的特性、结构和相互关系进行分析,从而阐述和检验各种假设、原理和定律的活动。企业出资基础研究应签订相关协议或合同,协议或合同中需明确资金用于基础研究领域。科研事业单位和企业在享受税收优惠时,应按照规定进行备案,并保留相关的合同、协议、凭证等资料备查。

对比《中华人民共和国企业所得税法实施条例》和《财政部 国家税务总局关于居民企业技术转让有关企业所得税政策问题的通知》中与科技成果转让和许可活动相关的规定可知,企业投入基础研究税收优惠政策没有技术转让减免金额的要求,对关联交易也没有限制。

54 科技成果作价投资活动申请递延纳税时应注意哪些问题?

根据 2016 年《财政部 国家税务总局关于完善股权激励和技术入股有关所得税政策的通知》,企业或个人以技术入股到境内居民企业,被投资企业支付的对价全部为股票(权)的,企业或个人可选择继续按现行有关税收政策执行,也可选择适用递延纳税优惠政策。选择技术成果投资入股递延纳税政策的,经向主管税务机关备案,投资入股当期可暂不纳税,允许递延至转让股权时,按股权转让收入减去技术成果原值和合理税费后的差额计算缴纳所得税。

因科技成果作价投资选择适用递延纳税优惠政策的,需要注意如下几个问题：

（1）递延纳税的技术成果。可以享受递延纳税的科技成果包括专利技术、计算机软件著作权、集成电路布图设计权、植物新品种、生物医药新品种，以及财政部和国家税务总局确定的其他技术成果。

（2）递延纳税终止的条件。科技成果作价投资递延纳税终止的时间为股权转让，科研事业单位采用自行作价投资后，再将股份转让（划拨）给资产公司持股的，应当缴纳企业所得税。

（3）实施股份奖励的主体。科研事业单位以科技成果作价投资的，可以将科技成果直接向其下属资产公司转让和（或）向科研人员赋予科技成果所有权。但资产公司无权在持股后直接向科研事业单位的科研人员进行股份奖励。

（4）办理转让合同认定登记。尽管科技成果作价投资活动可以享受"递延纳税"优惠政策，但因该类合同不在技术合同认定登记的范围之内，通常将按照技术转让合同进行认定登记。

55 科技成果作价投资企业所得税的分期纳税政策有哪些具体要求？

根据 2014 年《财政部 国家税务总局关于非货币性资产投资企业所得税政策问题的通知》，居民企业以非货币性资产对外投资确认的非货币性资产转让所得，可在不超过 5 年期限内，分期均匀计入相应年度的应纳税所得额，按规定计算缴纳企业所得税。其具体要求如下：

（1）非货币性资产投资的范围。限于以非货币性资产出资设立新的居民企业，或将非货币性资产注入现存的居民企业。非货币性资产是指现金、银行存款、应收账款、应收票据以及准备持有至到期的债券投资等货币性资产以外的资产。因此，科技成果作价投资在非货币性资产投资的范围之内。

（2）确认资产转让所得的方法。企业以非货币性资产对外投资，应对非货币性资产进行评估并按评估后的公允价值扣除计税基础后的余额，计算确认非货币性资产转让所得。企业以非货币性资产对外投资，应于投资协议生效并办理股权登记手续时，确认非货币性资产转让收入的实现。

（3）企业对外投资的计税基础。企业以非货币性资产对外投资而取得被投资企业的股权，应以非货币性资产的原计税成本为计税基础，加上每年确认的非货币性资产转让所得，逐年进行调整。被投资企业取得非货币性资产的计税基础，应按非货币性资产的公允价值确定。

56 科技成果转让和许可活动享有的企业所得税优惠政策有哪些?

《中华人民共和国科学技术进步法》第 90 条规定,从事技术开发、技术转让、技术许可、技术咨询、技术服务活动的,按照国家有关规定享受税收优惠。因此,科技成果转让和许可活动是按照"技术合同"认定登记后享受税收优惠的。《中华人民共和国企业所得税法实施条例》规定,符合条件的技术转让所得,可减免企业所得税,500 万元以内全部免缴企业所得税,超过 500 万元的部分减半征收。2010 年《财政部 国家税务总局关于居民企业技术转让有关企业所得税政策问题的通知》对技术转让企业所得税的缴纳作出了解释性规定:

(1) 技术转让的范围。技术转让的成果包括专利技术、计算机软件著作权、集成电路布图设计权、植物新品种、生物医药新品种,以及财政部和国家税务总局确定的其他技术成果。

(2) 技术转让的定义。居民企业转让其拥有技术的所有权或 5 年以上(含 5 年)全球独占许可使用权的行为。可见,科技成果转让和独占许可均在技术转让范围之内。

(3) 技术转让合同认定登记。境内的技术转让须经省级以上(含省级)科技部门认定登记,跨境的技术转让须经省级以上(含省级)商务部门认定登记,涉及财政经费支持产生技术的转让,需省级以上(含省级)科技部门审批。

(4) 对出口禁限技术的限制。居民企业技术出口应由有关部门按照商务部、科技部发布的《中国禁止出口限制出口技术目录》进行审查。居民企业取得禁止出口和限制出口技术转让所得,不享受技术转让减免企业所得税优惠政策。

(5) 关联交易技术转让除外。居民企业从直接或间接持有股权之和达到 100%的关联方取得的技术转让所得,不享受技术转让减免企业所得税优惠政策。

57 科研人员因职务科技成果转化现金奖励的个人所得税有何税收优惠政策?

《促进科技成果转化法》第 34 条规定,国家依照有关税收法律、行政法规规定对科技成果转化活动实行税收优惠。《财政部 税务总局 科技部关于科技人员取得职务科技成果转化现金奖励有关个人所得税政策的通知》《财政部 税务总局 科技部 国资委关于转制科研院所科技人员取得职务科技成果转化现金奖励有关个人所得税政策的通知》规定,非营利性科研机构、高校、转制科研院所科技人员以技术转让、技术许可取得的职务科技成果转化现金奖励,可减按50%计入科技人员当月"工资、薪金所得",依法缴纳个人所得税。

58　科研人员所获现金收益个人所得税的"减半缴税"有何条件?

根据《财政部　税务总局　科技部关于科技人员取得职务科技成果转化现金奖励有关个人所得税政策的通知》的规定,科研人员"减按50%缴纳个人所得税"的条件如下:

(1)针对非营利性科研机构和高校。非营利性科研机构和高校包括国家设立的科研机构和高校、民办非营利性科研机构和高校。国家设立的科研机构和高校是指利用财政性资金设立的、取得《事业单位法人证书》的科研机构和公办高校,包括中央和地方所属科研机构和高校;民办非营利性科研机构和高校须同时满足:根据《民办非企业单位登记管理暂行条例》在民政部门登记,并取得《民办非企业单位登记证书》,其记载的业务范围应属于"科学研究与技术开发、成果转让、科技咨询与服务、科技成果评估"。对于民办非营利性高校,应取得教育主管部门颁发的《民办学校办学许可证》,《民办学校办学许可证》记载学校类型为"高等学校"。

(2)享受税收优惠政策须同时符合的条件:针对完成或转化职务科技成果作出重要贡献的人员;科技成果是指专利技术(含国防专利)、计算机软件著作权、集成电路布图设计专有权、植物新品种权、生物医药新品种,以及科技部、财政部、税务总局确定的其他技术成果;科技成果转化是指非营利性科研机构和高校向他人转让科技成果或者许可他人使用科技成果;签订技术合同,并根据《技术合同认定登记管理办法》,在技术合同登记机构进行审核登记,并取得技术合同认定登记证明。

59　科研人员获得现金奖励需要自行缴纳个人所得税吗?

根据《财政部　税务总局　科技部关于科技人员取得职务科技成果转化现金奖励有关个人所得税政策的通知》的规定,科研事业单位的科技成果完成人从职务科技成果转化收益中获得奖励的现金收益,可减按50%计入科技人员当月"工资、薪金所得",依法缴纳个人所得税。

非营利性科研机构和高校向科技人员发放现金奖励时,应按个人所得税法规定代扣代缴个人所得税,并按规定向税务机关履行备案手续。因此,科研人员无须自行缴纳个人所得税,而是由其所在单位履行代扣代缴义务。

第二部分

成果转化创新改革和服务

八、改革措施推进

60　上海科技成果转化创新改革有哪些突破？

2023 年 7 月，上海市科委、上海市教委等 7 部门发布《上海市科技成果转化创新改革试点实施方案》，形成《上海市科技成果转化尽职免责制度指引》《上海市职务科技成果单列管理操作指引》。11 月，由 39 家高校、医疗卫生机构、科研院所参与的试点名单发布，科技成果转化创新改革试点正式启动。

《上海市科技成果转化创新改革试点实施方案》瞄准"三个突破"，开展创新改革活动：

（1）赋权。允许以事前约定的全部所有权赋权，试点单位可将留存的所有权份额，以技术转让的方式让渡给科研团队，由其独立开展作价投资活动。

（2）赋能。建立区别于一般国有资产的职务科技成果单列管理制度，推动试点单位建立技术转移专职机构或部门，落实专门经费，聘用专职人员。

（3）松绑。允许试点单位对科研人员过往创业行为进行合规整改，打通科研人员创办企业的通道，建立科技成果转化尽职免责和负面清单。

61　试点单位如何推进创新改革措施有效落地实施？

《上海市科技成果转化创新改革试点实施方案》要求，试点单位结合实际，深化科技成果使用权、处置权和收益权改革，充分激发科研人员创新创造活力，促进科技成果转移转化。试点单位可以采取如下措施，推进创新改革措施有效落地实施：

（1）强化单位主体责任。试点单位应强化领导责任，建立科技成果转移转化领导小组，统筹科研、资产、财务、人事、纪检等部门工作，协同推进科技成果转化创新改革试点。

（2）制定配套管理制度。试点单位应对照任务事项开展试点，在试点后1年内建立包括不同赋权方式的工作流程、决策机制等配套管理制度，如科技成果单列管理制度、尽职免责制度等；健全职务科技成果归属及转化收益分配、科研人员创业等机制。

（3）强化技术转移部门建设。试点单位应加强技术转移部门建设，拨付专项资金，聘用专业化的专职工作人员，联合外部市场化专业机构，负责科技成果转化工作。

（4）形成统一服务观念。试点单位应将科技成果转化作为壮大新质生产力的核心抓手，强化体制机制改革，服务国家和区域经济发展，消除科技成果转化的认识分歧。

62　可以开展赋权的职务科技成果有哪些基本要求？

根据科技部等9部门印发的《赋予科研人员职务科技成果所有权或长期使用权试点实施方案》和《上海市科技成果转化创新改革试点实施方案》的规定，对赋权科技成果的基本要求如下：

（1）国家设立的高等院校、科研机构科研人员完成的职务科技成果所有权属于单位。

（2）赋权成果应具备权属清晰、应用前景明朗、承接对象明确、科研人员转化意愿强烈等条件。

（3）赋权成果类型包括专利权、计算机软件著作权、集成电路布图设计专有权、植物新品种权，以及生物医药新品种和技术秘密等。

（4）对可能影响国家安全、国防安全、公共安全、经济安全、社会稳定等事关国家利益和重大社会公共利益的成果暂不纳入赋权范围。

63　职务科技成果所有权部分赋权的权利比例如何设定？

《赋予科研人员职务科技成果所有权或长期使用权试点实施方案》和《上海市科技成果转化创新改革试点实施方案》对科技成果的所有权基本规定是"部分赋权"，即将职务科技成果的部分所有权赋予科研人员，由其开展科技成果转化活动。

就职务科技成果部分所有权的赋权比例来说,试点单位可结合本单位科技成果现金收益的奖励比例,将单位所持有的职务科技成果所有权部分赋予成果完成人,并与成果完成人成为共同所有权人,如试点单位内部规定对科技成果完成人的转让、许可等现金收益的奖酬金比例为70%,则赋予科技成果完成人的所有权比例可以为70%,余下的30%为单位享有的科技成果所有权。

64 职务科技成果所有权可以全部赋权给科研人员吗?

按照《上海市科技成果转化创新改革试点实施方案》的规定,试点单位可以将职务科技成果所有权全部赋权给科研人员,突破了《赋予科研人员职务科技成果所有权或长期使用权试点实施方案》中"共同所有权"的限制。赋予科研人员职务科技成果全部所有权后,单位不再具有权利人身份。

但是,《上海市科技成果转化创新改革试点实施方案》同时规定,试点单位将职务科技成果所有权全部赋权给科技成果完成人时,需要"明确单位科技成果转化权益",即试点单位可通过协议约定将留存的所有权份额,以技术转让的方式让渡给成果完成人,由科研人员获得全部所有权并自主转化。

因此,在全部赋权前提下,尽管试点单位不再具有权利人身份,但在变更科技成果权利人之前,试点单位应当与成果完成人签订协议,保证试点单位的合法权益。

65 科研人员采用"全部赋权"开展成果转化有何要求?

尽管《上海市科技成果转化创新改革试点实施方案》规定了"全部赋权"路径,但试点单位是否采取"全部赋权",需要结合本单位的实际情况决定。一般情况下,科研人员选择"全部赋权"方式开展科技成果转化有如下要求:

(1)有明确的科技成果转化方案。科技成果通常有明确的投资方,并对作价投资有清晰的实施方案。

(2)结合科技成果投资具体需求。投资方考虑国有资产进入、退出复杂而不希望国资进入时,可以与成果完成人和单位达成"完全赋权"意向。

(3)确保试点单位科技成果利益。对于试点单位的收益,可以根据协议约定,由科研人员当期按照约定价格支付单位应享有科技成果部分的收益,或者递延到有收益时再向试点单位支付。

66　科技成果全部所有权的赋权如何操作?

根据《上海市科技成果转化创新改革试点实施方案》的规定,结合赋权试点的实践,试点单位对于科技成果全部所有权的赋权可按照如下路径进行操作:

(1) 签订赋权合同。试点单位与科技成果完成人签署完整规范的赋权合同。

(2) 确定权益比例。赋权的比例可以参照现金奖励的比例(如 70%)赋予成果完成人。

(3) 约定单位份额。试点单位将留存的所有权份额同时以转让的方式让渡给成果完成人,由成果完成人获得全部所有权。

(4) 变更成果权利。试点单位将职务科技成果的所有权变更至成果完成人,由其自主开展成果转化活动。

(5) 加强后续监督。试点单位按照内部规章制度进行监督管理,确保试点单位权益。

67　如何结合赋权政策开展科技成果作价投资活动?

根据《上海市科技成果转化创新改革试点实施方案》《上海市促进科技成果转化条例》等的规定,结合科技成果作价投资的实践,科研事业单位可以结合赋权政策,开展科技成果作价投资活动。

(1) 赋予部分所有权。试点单位可将科技成果部分所有权赋予科研人员,同时将科技成果部分所有权按比例转让给其资产公司,由科研人员和资产公司共同将科技成果知识产权委托评估,并按照评估价出资到目标公司,成为目标公司股东。

(2) 赋予全部所有权。试点单位可将科技成果全部所有权赋予科研人员,由科研人员将科技成果知识产权出资到目标公司,成为目标公司股东;单位保留科技成果部分收益权,由科研人员当期或递延到一定期限,向单位按比例支付单位收益。

(3) 赋予长期使用权。试点单位可将科技成果长期使用权赋予科研人员,将其应用到创业企业,科研人员需要在法定期限内将职务科技成果转变为股权投资。

(4) 货币投资＋成果许可。试点单位允许科研人员以货币出资成立目标公司,并将科技成果许可给目标公司使用,试点单位获得目标公司的许可费用。

68 如何规范科技成果所有权赋权合同的条款?

根据《上海市科技成果转化创新改革试点实施方案》,结合科技部等 9 部门赋权试点的实践经验,科技成果所有权赋权合同可以根据不同赋权类型进行具体约定:

(1)成果转化前赋权。协议可以约定科技成果完成人利用赋权科技成果开展协商谈判、技术融资等义务,以加快推进科技成果转化。试点单位可以要求,如果完成人在一定时间内未能转化的,解除赋权合同。

(2)成果部分赋权。部分所有权以试点单位与科研人员共同以知识产权投资开办企业为主,试点单位与其持股单位、成果完成人共同签订科技成果作价投资协议,可以将赋权条款融入作价投资合同,设定具体条款和权利义务。

(3)成果全部赋权。全部赋权以试点单位支持科研人员创业为主,试点单位与成果完成人签订科技成果作价投资协议,也可以将赋权条款融入作价投资合同,设定具体条款和权利义务。

需要提出的是,关于赋权合同和科研人员创办企业的关系:赋权合同是由试点单位和完成人所签,完成人应当承担按比例向其所在单位支付收益的责任和义务。科研人员利用赋权成果开办企业仅是后续成果转化的一种形式,如企业经营不善,在破产清算时,成果完成人仍需遵守单位内部规章制度和协议约定,负有支付单位收益的义务。

69 如何加强职务科技成果全部赋权的风险防控?

"全部赋权"对试点单位可能会存在一定的利益损失风险,除前述设定合理路径、规范合同约定之外,可以采取两方面的措施,加强风险防控力度,确保单位利益不受损失。

(1)制定内部规章制度。试点单位要根据《上海市科技成果转化创新改革试点实施方案》的要求,按照不同赋权类型,制定内部规章制度。从风险防控角度,要加大违约责任和违规处理力度。

(2)强化项目后续监管。试点单位对赋权科技成果可以建立成果转化台账、定期报告等制度,对于违反相关制度的,可以采取警示提醒、解除人事合同、要求承担违约责任等处罚措施。

《上海市科技成果转化创新改革试点实施方案》配套出台了《上海市科技成果转化尽职免责制度指引》《上海市职务科技成果单列管理操作指引》，这些指引指导试点单位完善配套制度，并加强对国资、财务、科研等相关人才的培训，进一步消除单位内部对科技成果转化的认识分歧。

70　职务科技成果的长期使用权赋权有何要求？

根据《上海市科技成果转化创新改革试点实施方案》的规定，职务科技成果的长期使用权赋权有以下要求：

（1）赋权时间。试点单位可赋予科研人员不低于 10 年的职务科技成果长期使用权。

（2）转化方案。科技成果完成人应向单位申请并提交成果转化实施方案，由其单独或与其他单位共同实施该项科技成果转化。

（3）赋权公示。试点单位进行审批并在单位内公示，公示期不少于 15 日。

（4）收益约定。试点单位与科技成果完成人应签署书面协议，合理约定成果收益分配等事项。

（5）协议延期。在科研人员履行协议、科技成果转化取得积极进展、收益情况良好的情况下，试点单位可进一步延长科研人员长期使用权期限。试点结束后，试点期内签署生效的长期使用权协议应当按照协议约定继续履行。

71　科研人员利用科技成果所有权赋权政策开展创业活动有哪些流程？

科研人员可以利用职务科技成果赋权政策，将科技成果用于出资创办企业。科研人员利用科技成果知识产权的所有权创办企业的，有两种方式可以选择，其流程通常如下：

（1）全部所有权赋权创业的流程。试点单位与科研人员及企业（如企业已开办）签订赋权转化合同；试点单位将科技成果所有权转让给科研人员；科研人员将科技成果进行评估；科研人员将科技成果转让至创业企业；创业企业按照评估价进行财务记账（注册资本及资本公积）。在此过程中，科研人员应当保证单位的收益权。

（2）部分所有权赋权创业的流程。试点单位与科研人员及外部合作单位签订赋权和作价投资合同；试点单位将科技成果所有权按比例分别转让给科研人员及试点单位的全资持股企业;科研人员和持股单位将科技成果进行评估;科研人员和持股单位将科技成果转让至创业企业;创业企业按照评估价进行财务记账(注册资本及资本公积)。在此过程中,试点单位通过其持股单位享有创业企业股份。

72　试点单位如何建立职务科技成果单列管理制度?

《上海市科技成果转化创新改革试点实施方案》充分赋予试点单位科技成果管理自主权,支持市级试点单位按照事业单位有关促进科技成果转化的简政放权国有资产管理政策,开展职务科技成果单列管理,中央在沪单位结合实际进行积极探索。试点单位可以分两个阶段进行科技成果台账标记和财务记账。

(1) 技术转移机构进行台账标记。对于研究阶段的成果,相关成本费用经财务报销,技术转移机构可标记"研究阶段"。对于科研事业单位现有存量专利或其他知识产权,有研发项目依托的,技术转移机构按照项目立项日期标记"研究阶段"。无研发项目依托的,技术转移机构可按照专利申请日期标记"研究阶段"。

(2) 财务管理部门开展财务记账。科技成果转化活动开始后,技术转移机构对科技成果标记"开发阶段"的同时,将意向转化合同、已签转化合同等转化信息移交给财务部门。财务部门首先对科技成果专利申请费、维护费、转化费用等相关费用进行归集记账,而后根据转化合同约定进行财务记账,转化费用未到账时记作应收账款,到账后进行销账处理。

73　试点单位如何建立专业高效的科技成果运营机制?

《上海市科技成果转化创新改革试点实施方案》规定,试点单位应建立专门的技术转移机构(部门),加强经费保障。技术转移机构(部门)应建立专业高效、机制灵活、模式多样的科技成果运营服务体系,可以与第三方专业技术转移机构合作,建立利益分享机制,共同开展专利申请前成果披露、转化价值评估、转化路径设计、知识产权保护、技术投融资等服务,或委托其开展专利等科技成果的集中托管运营。

74　科研人员创业企业合规整改有必要吗?

《上海市科技成果转化创新改革试点实施方案》要求,试点单位建立产权界定清晰、收益分配明确的合规发展机制,支持试点单位通过赋予科研人员职务科技成果所有权或长期使用权方式,进一步打通科研人员创办企业的通道。允许试点单位对过往利用单位职务科技成果自主创办企业进行合规整改。

合规整改政策之所以被提出,是由于科技成果转化政策落实存在一定时间的"空窗期",科研人员出于科技成果转化的实际需求,未经单位审批创办了一些企业。这些企业在发展过程中,在遇到大额融资、上市融资等方面问题时,可能需要科研人员所在单位进行知识产权独立性、兼职合规性、国资处置合规性等方面的确认。因此,试点单位有必要通过建立合规整改的机制,以及合理规范程序对科研人员创业企业合规合法性进行认定。

75　科研人员创业企业合规整改可能涉及哪些事项?

由于职务科技成果的国有资产属性,在科研人员利用职务科技成果创办企业过程中,未按照单位科技创业的规定办理审批手续,或因兼职、持股活动未按单位人事、组织管理的相关规定办理审批或备案手续的,应当进行合规整改。科研人员创业企业合规整改可能涉及如下事项:

(1)科研人员创办的企业未经许可,利用单位职务科技成果。

(2)科研人员未经批准或备案,在创业企业中兼任董事、监事、法定代表人或其他高级管理人员。

(3)创业企业未经同意或未签订协议,利用单位科研人员、学生等人力资源开展研究开发活动。

(4)创业企业没有协议依据,利用科研人员所在单位的设备、场地等物质技术条件。

(5)创业企业未经科研人员所在单位同意,利用单位名称、商标及其他资源。

76　科研人员创业企业合规整改有哪些参考模式?

根据科研人员创业企业合规整改的过往经验,科研事业单位采用"尽调评估制"对科研人员创业企业进行合规整改。科研事业单位委托法律服务机构开展尽职调查,确定创业企业是否存在未经许可使用科研事业单位资源的行为。在确定创业企业存在使用科研事业单位资源前提下,科研事业单位委托资产评估机构对所使用科研事业单位资源开展价值评估。法律服务机构、资产评估机构的报告是科研事业单位决策机关进行决策的依据。

由于"尽调评估制"存在经费支出较大、整改周期较长等实际问题,试点单位在科技成果转化创新改革试点过程中,可以结合本单位实际情况,在激励科研人员创新创业理念下,探索更加简便快捷的合规整改机制。目前,已经有试点单位探索"说明承诺制"开展合规整改活动,即由科研人员对创业企业情况与其所在单位资源利用情况进行说明,在承诺过去没有且今后不会侵犯单位利益前提下,结合赋权政策,推进科研人员创业企业"阳光化"。

77　哪些情形可以申请科技成果转化尽职免责?

《上海市科技成果转化创新改革试点实施方案》以附件方式专列了《上海市科技成果转化尽职免责制度指引》。根据该文件的相关条款,成果转化参与人员根据法律法规和本单位依法制定的规章制度,开展科技成果转化工作,履行了民主决策程序、合理注意义务和监督管理职责的,即视为已经履行勤勉尽责义务。符合以下情形之一的,不予追究相关人员决策失误责任:

（1）因放弃成果申请或放弃成果导致单位利益受损。

（2）因存在关联交易导致单位利益受损。

（3）科技成果后续产生较大的价值变化导致单位利益受损。

（4）因科研人员创业企业经营不善或创业失败,导致单位国有资产减损或无法收回收益。

（5）因科技成果转化活动引起科技成果权属争议、奖酬分配争议给单位造成纠纷或不良影响。

（6）先行先试开展科技成果转化活动给试点单位造成损失。

（7）按照规章制度、内控机制、规范流程开展活动仍给试点单位造成其他损失或不良影响。

78　成果转化参与人员不得开展的行为有哪些?

根据《上海市科技成果转化尽职免责制度指引》,成果转化参与人员在科技成果转化工作中不得有以下行为:

（1）违反科学道德、科技伦理和职业道德规范,未严格执行科学技术保密要求,未经允许利用职务科技成果创办企业。

（2）将职务科技成果及其技术资料和数据占为己有,侵犯试点单位的合法权益;或者以唆使窃取、利诱胁迫等手段侵占他人科技成果,侵犯他人合法权益。

(3)违反科学道德、科技伦理和职业道德规范,或利用职务之便,干扰或阻碍科技成果转化工作,或擅自披露、使用或转让科技成果的关键技术。

(4)向科技成果转化实施者索要或收受可能影响成果评价与转化行为的礼品、礼金(含有价券)和礼物或提供有偿服务;或利用职权或职务上的影响,为亲属和其他人员提供便利和优惠条件;或存在滥用职权、违规审批、违规采购等行为。

(5)违反任职回避和履职回避等相关规定。

79　试点单位如何建立科技成果转化尽职免责制度?

试点单位可以参考《上海市科技成果转化创新改革试点实施方案》附件《上海市科技成果转化尽职免责制度指引》,在树立科技成果只有转化才能真正实现创新价值、不转化是最大损失的理念基础上,落实"三个区分开来"的原则,把因缺乏经验先行先试出现的失误与明知故犯行为区分开来,把国家尚无明确规定时的探索性行为与国家明令禁止后的有规不依行为区分开来,把为推动改革的无意过失与谋取私利的故意行为区分开来,制定符合单位实际的尽职免责制度,解决科技成果参与人员对科技成果"不敢转"的实际问题。

试点单位应夯实科技成果转化主体责任,做好单位内部科研、财务、国资、人事等部门组织协调工作,明确在科技成果转化过程中的责任主体、责任范围、免责范围、免责方式等。当发生需要尽职免责认定事项时,要按照一定程序,由本单位相关部门受理,组织相关部门,客观公正收集证据材料,充分听取各方面意见建议,坚持以事实为依据,以制度规定和法律法规为准绳,科学作出尽职免责认定结论。

80　科技成果转化后会不会有后续价值变化的决策责任?

2016年《国务院关于印发实施〈中华人民共和国促进科技成果转化法〉若干规定的通知》规定,科技成果转化过程中,通过技术交易市场挂牌交易、拍卖等方式确定价格的,或者通过协议定价并在本单位及技术交易市场公示拟交易价格的,单位领导在履行勤勉尽责义务、没有牟取非法利益的前提下,免除其在科技成果定价中因科技成果转化后续价值变化产生的决策责任。

2017 年《上海市促进科技成果转化条例》第 26 条也规定,研发机构、高等院校、国有企业的相关负责人已履行勤勉尽责义务,未谋取非法利益的,不因科技成果转化后续价值变化而产生决策责任。

因此,科研事业单位、国有企业等在科技成果转化过程中,只要遵循公开透明原则,履行勤勉尽责的义务,即使市场价值大幅提升,也不承担定价决策责任。尤其重要的是,要建立健全科技成果转化的管理制度,确保科技成果转化工作的规范性和透明度。

81 医疗卫生机构如何结合创新改革试点开展科技成果转化?

医疗卫生机构在疾病防预、公共卫生服务提供、医疗质量管理等方面存在业务特殊性。尽管依据《关于加强卫生与健康科技成果转移转化工作的指导意见》规定,医疗卫生机构开展科技成果转化工作没有政策障碍,但长期以来的认识分歧并未根本消除。医疗卫生机构可以结合本市科技成果转化创新改革精神,通过制定内部制度方式建立科技成果转化机制。

(1)提升成果转化专业能力。成立专职的知识产权和成果转化管理部门,增设相关专职岗位,强化专业知识,开展技术经理人队伍建设,建立健全技术转移体系。

(2)加强成果转化制度建设。依据国家和本市相关政策,尤其是参考《上海市促进医疗卫生机构科技成果转化操作细则(试行)》的规定,制定切实可行、适合本单位实际的内部规章制度。

(3)加大成果转化考核权重。根据《国务院办公厅关于加强三级公立医院绩效考核工作的意见》规定的"每百名卫生技术人员科研成果转化金额",将医疗卫生人员的科技成果转化工作纳入考核指标并强化其在职称晋升、评聘考核、绩效奖励等中的权重。

(4)拓宽"研医企"协同转化渠道。以市场问题需求为导向,积极对接医疗卫生科技企业、创业孵化器、产业园区等,加大科技成果展示推广力度,拓宽研、医、企合作渠道,形成协同创新推进成果转化的效果。

82 医疗卫生机构在科技成果转化工作中如何处理利益冲突问题?

医疗卫生机构在科技成果转化工作中的利益冲突,主要涉及识别和管理可能影响成果转化决策和执行的个人或集体利益,包括医护人员、科研人员、医院本身、外部合作伙伴等。依据《促进科技成果转化法》《上海市科技成果转化创新改革试点实施方案》等相关政策的指导原则和框架,在处理利益冲突问题时要注意:

(1) 利益关系判断。识别所有可能从科技成果转化中获益的相关方,包括直接和间接受益者。

(2) 利益冲突管理。建立利益冲突管理制度,确保在转化过程中个人利益不会影响到医疗卫生机构的决策和运营。

(3) 高度透明公开。在科技成果转化过程中,保持高度的透明度和公开性,让利益相关方清楚转化的条件、过程和结果。

83　医疗卫生机构如何结合创新改革试点制定成果转化内部制度?

《上海市促进医疗卫生机构科技成果转化操作细则(试行)》从基本要求、转化流程、实施保障等方面提出操作路径,结合《上海市科技成果转化创新改革试点实施方案》的规定,可以从以下方面制定内部科技成果转化制度,并根据实际需求逐步完善和优化:

(1) 强化科技成果知识产权管理制度。根据《专利法》等知识产权法律政策,制定知识产权披露、申请、评估的规范性文件,加强职务科技成果知识产权保护力度。

(2) 建立科技成果无形资产单列管理制度。结合《上海市职务科技成果单列管理操作指引》,分研究阶段和开发阶段,建立科技成果台账管理和无形资产管理规范。

(3) 制定科技成果转化全流程管理规范。按照《上海市促进医疗卫生机构科技成果转化操作细则(试行)》规定,制定成果定价、奖酬分配、人事管理等内部文件。

(4) 建立激励创业的科技成果作价投资制度。结合赋权试点政策,根据医疗卫生科研人员的实际需求和市场投资情况,落实全部赋权、部分赋权和使用权赋权措施。

(5) 开展科技成果转化尽职免责制度建设。参考《上海市科技成果转化尽职免责制度指引》,根据单位科技成果、无形资产、纪检监察等的管理条线,建立尽职免责、负面清单、责任认定等制度。

84 上海围绕创新改革试点落地实施的"十项举措"是什么?

为将本市科技成果转化创新改革事项落到实处,加强对制约改革的主要矛盾和具体问题分析应对、分类施策和精准辅导。

(1) 推动试点单位建设技术转移办公室(Technology Transfer Office, TTO)。推动试点单位建立技术转移专职机构或部门,落实专门经费,增加人员编制,聘用专职人员,建立激励机制。推动技术转移办公室对内加强统筹协调,对外加强合作交流,提升技术转移服务能力。

(2) 推动试点单位建立配套制度。指导试点单位结合单位实际,在试点后1年内建立或完善科技成果转化制度及配套细则;协助试点单位打通单位内部国资、财务、人事、纪检、审计等部门的认识和管理分歧。

(3) 推动试点单位实施成果管理及转化提质行动。指导试点单位结合实际,建立职务科技成果单列管理制度,强化科技成果披露实施,提升科技成果转化管理能力;协助试点单位建立尽职免责机制。

(4) 提供科技成果转化政策"服务包"。梳理整理国家和本市科技成果转化政策事项,建立科技成果转化政策"服务包";优化科技成果转化服务体系建设,加大对试点单位、赋权成果和技术经理人的政策支持力度。

(5) 构建科技成果转化改革试点"互助组"。将试点单位分为高校、科研机构组、上海交通大学医学院及其附属医院、其他医疗机构四组,分类推进,按月度、季度不定期组织专题交流,及时分享先行单位举措经验,形成互帮互助、互学互鉴的良好氛围。

(6) 开设科技成果转化"训练营"。征集转化需求,按周开展"转化门诊",提供商业设计、法律风控、产业对接、孵化投资等精准服务。结合"转化门诊"碰到的共性问题,按季度开展"转化学堂",为科研人员输入商业理念,增加科技成果转化认识。

(7) 建立科技成果转化改革试点服务网络。基于市场口碑、服务绩效,建立覆盖技术转移机构、知识产权服务机构、律师事务所等的服务网络,为试点实施提供全方位服务资源支持。

(8) 建立科技成果转化改革试点"技术交易直通车"。推动上海技术交易所基于试点任务要求和共性问题,建立科技成果单列管理、科技成果评价、赋权成果挂牌交易等专属技术交易方案。

（9）建立技术经理人"资源池"。支持有条件的高校开展技术经理人学历教育,并将学历教育课程与试点任务相结合;支持试点单位聘用和培养专业化技术经理人;鼓励试点单位释放职称名额,培养具有高级职称的技术经理人。

（10）设立科技成果转化"研究会"。建立试点专家智库,围绕试点过程中碰到的体制机制堵点、难点,研究解决路径;积极解决试点单位个性化的问题,加强案例总结,形成可推广的经验举措。

九、技术转移机构

85　什么是技术转移机构?

技术转移机构是指为实现和加速科技成果从供给方向需求方转移的过程提供各类服务的机构或组织。其中,机构可以是独立的法人机构,也可以是科研事业单位的内设机构。

技术转移机构是科技创新体系的重要组成部分,在促进知识流动、技术转移、成果商业化和产业化活动中发挥着重要作用,通过各种途径促进技术知识流动和转移,承担着连接学术研究与商业应用的桥梁角色,帮助将科技成果转化为实际的生产力,实现科研成果从实验室到市场"最后一公里"的跨越,推动经济增长和社会生活质量的提升。

86　技术转移机构的主要业务范围有哪些?

技术转移机构的主要功能是促进知识流动和技术转移,其业务范围一般包括:

（1）技术信息的搜集、筛选、分析和加工。

（2）技术转让与技术代理。

（3）技术集成与二次开发。

（4）技术咨询、技术评估、技术培训、技术产权交易、技术招标代理、技术投融资等。

（5）提供技术交易信息服务平台、网络等。

（6）提供中试、工程化设计服务、技术标准、测试分析服务等的技术集成或二次开发。

(7) 提供概念验证,项目孵化、加速及资本运作。

(8) 其他有关促进技术转移的活动。

87 国家对科研事业单位设置技术转移机构有何要求?

技术转移机构是科研事业单位加强科技成果披露、专利布局、市场推广、培育孵化的重要机构。根据《中华人民共和国科学技术进步法》第 30 条规定,利用财政性资金设立的科学技术研究开发机构和高等学校,应当积极促进科技成果转化,加强技术转移机构建设和人才队伍建设,建立和完善促进科技成果转化制度。《国务院关于印发〈国家技术转移体系建设方案〉的通知》提出,加强高校、科研院所技术转移机构建设,鼓励高校、科研院所在不增加编制的前提下建设专业化技术转移机构。因此,科研事业单位有责任根据要求设置并加强技术转移机构建设,具体来说:

(1) 加强技术转移机构建设。科研事业单位可以采取措施整合单位内部各类技术转移、培育孵化机构,形成集对接市场需求、促进成果交易、投融资服务等为一体的科技成果转移转化服务体系。

(2) 加强专业人才队伍建设。科研事业单位可以通过创新科技成果转移转化岗位设置,聘用懂技术、懂市场、懂资本、懂法律等方面的专业人才,打通技术转移专业人才的晋升通道,建立专业人才的奖励激励制度。

(3) 完善促进科技成果转化制度。科研事业单位可以结合科技成果转移转化的法律政策规定,强化内部制度建设,用规范化手段激发科研人员的科技成果转化积极性。

88 科研事业单位内设技术转移机构能够发挥哪些作用?

《科技部关于印发〈"十四五"技术要素市场专项规划〉的通知》提出,鼓励高校院所、科技企业设立技术转移部门,开展科技成果转移转化工作。对于科研事业单位内设技术转移机构,更多以技术转移部门的形式出现,该类部门在科技成果转移转化过程中可以发挥"全链条一体化服务"作用,具体如下:

(1) 统筹科技成果管理服务。有利于开展科技成果转化的战略规划,做好技术转移的顶层设计,协调内部各部门的技术转移管理活动,开展专业化机构建设等。

（2）落实成果转化法规政策。结合单位内部的科学研究、资产管理、财务人事等现状，针对国家和地方科技成果转化法律政策，制定内部管理制度。

（3）开展前沿技术研判活动。对单位科研人员的技术成果，在科技成果披露制度完善基础上，进行市场性、前沿性、适用性等方面的研究和判断。

（4）探索科技成果市场化评价。根据科技成果的产业企业需求，推进市场应用调研分析，探索建立评价体系，利用评价工具，对科技成果的市场应用作出合理评价。

（5）落实协商谈判和协议起草。在做好评价分析和市场判断的基础上，针对不同需求的用户，代表单位和科研人员，开展协商谈判并对相关合作协议进行起草和审核。

89　科研事业单位如何保障内设技术转移机构的运行？

2019 年上海市委办公厅、市政府办公厅《关于进一步深化科技体制机制改革增强科技创新中心策源能力的意见》提出，加强高校、科研院所技术转移体系建设，落实专门机构、专业队伍、工作经费，科技成果转移转化后，可在科技成果转化净收入中提取不低于 10% 的比例，用于机构能力建设和人员奖励。《上海市促进医疗卫生机构科技成果转化操作细则（试行）》规定，医疗卫生机构可从职务科技成果转让、许可净收入中提取不低于 10% 的比例，用于保障技术转移部门运行，推动专业化发展，其中可提取不低于 3% 的比例，用于医疗卫生机构内部转化服务专职人员奖励和人才培养。因此，科研事业单位可根据内部技术转移部门设立的具体类型采取不同保障措施：

（1）职能机构型技术转移部门。科研事业单位设立独立的平行于其他职能部门的技术转移部门，从其他部门调配事业编制人员，利用基本业务费保障技术转移部门的运行。该类部门受事业编制的人员、绩效等方面的约束，管理能力较强，但专业服务能力受到一定限制。

（2）直属事业型技术转移部门。科研事业单位设立独立的技术转移研究机构，赋予其科技成果转移转化管理职能，采用灵活的聘用机制，聘请投资、财务、法律等专业人才，提升市场化服务能力。该类部门可以灵活聘用专业人员，有利于给予相关人员奖励激励，但这些专业人才在职务晋升方面会受到一定限制。

（3）职能部门和公司分离性机构。科研事业单位在设立内部职能部门，负责成果转化管理职能的同时,设立独立全资国有企业,由企业开展知识产权托管、运营、孵化、投资等活动。该类机构有利于实现"管办分离",强化专业人才队伍,但可能因管理人员的隶属关系不同而不利于协同推进。

无论采取哪种类型的技术转移部门建设方案,科研事业单位均需要建立内部管理制度,在对完成、转化科技成果作出重要贡献的人员给予奖励和报酬后,提取一定比例的科技成果转化净收入,用于支持本单位科技成果转化专门机构的运行发展以及人员奖励。

90 科研事业单位是否需要市场化技术转移机构参与科技成果转化活动?

科技成果转化是涉及知识产权、投资融资、技术管理、营销推广等各领域知识的综合性活动,科研事业单位内部技术转移机构往往偏重于战略规划、制度建设、业务流程等管理活动。《促进科技成果转化法》规定,国家设立的研究开发机构、高等院校可以委托独立的科技成果转化服务机构开展技术转移。《国务院关于印发〈国家技术转移体系建设方案〉的通知》也提出,鼓励各类中介机构为技术转移提供知识产权、法律咨询、技术评价等专业服务。

对于高校来说,《教育部办公厅关于印发〈促进高等学校科技成果转移转化行动计划〉的通知》提出,整合校内各类技术转移、转化机构,促进高校技术转移机构与市场化第三方技术转移机构在信息、人才、孵化空间、技术转移平台载体等方面的共享、共建力度,形成集对接市场需求、促进成果交易、投融资服务等为一体的科技成果转移转化服务体系。

因此,科研事业单位在加强内部专业化技术转移机构建设的同时,有必要与市场化机构建立联合关系,强化知识产权、投资融资、技术管理、营销推广等方面的服务能力。

91 市场化技术转移机构常见的盈利渠道有哪些?

市场化技术转移机构根据其业务范围确定盈利模式,通常通过为技术研发、转让、许可等技术转移或成果转化提供咨询或服务,或通过载体建设、服务换股、孵化投资等活动,收取费用。

(1) 开展知识产权运营、市场行业分析等,收取服务费。

（2）帮助科研成果进行中试放大和熟化处理，收取相应的服务费用。

（3）开展项目孵化、科技园区运作等服务活动，获得服务回报。

（4）通过项目融资，以服务换股方式在股权增值变现过程中，获得服务回报。

不同的技术转移机构根据自身的特点和市场定位，可能会采用一种或多种盈利模式。技术转移机构的收费方式也会根据服务的性质、复杂度、市场行情以及与客户的具体协议来确定。

92　上海对科技成果转化有哪些政策支持？

自《促进科技成果转化法》实施以来，上海市于 2017 年出台《上海市促进科技成果转化条例》，并分别于 2017 年、2021 年制定实施了《上海市促进科技成果转化行动方案（2017—2020）》《上海市促进科技成果转化行动方案（2021—2023 年）》，印发配套政策文件，体系化推进科技成果转化。主要包括以下 3 个方面的支持政策：

（1）技术转移体系项目支持。上海市每年发布科技成果转化服务体系建设项目指南，布局支持概念验证中心、大企业开放式创新中心、技术转移示范机构等方向，支持科研机构、企业和技术转移机构的科技成果转化活动。

（2）高新技术成果转化项目认定。高新技术成果转化项目认定组合资金支持和人才落户、成果转化类职称等政策，对上海市持续进行研究开发与科技成果转化的法人、非法人实施的高新技术成果转化项目予以认定，并对企业主体在认定有效期内的高新技术成果转化项目予以资金支持，鼓励企业实施成果的转化。具体认定和支持办法见《上海市高新技术成果转化项目认定办法》（沪科规〔2020〕8 号）、《上海市高新技术成果转化专项扶持资金管理办法》（沪科规〔2020〕10 号）、《上海市引进人才申办本市常住户口办法实施细则》（沪人社规〔2020〕27 号）。

（3）通过科技创新券支持技术转移活动。上海市支持科技型中小企业、创新创业团队向服务机构购买技术战略规划、技术转移、人才培养等服务。依据 2022 年《上海市科技创新券管理办法》（沪科规〔2022〕11 号），与技术转移相关的服务内容见表 1。

表 1　与技术转移相关的服务内容

类别	范围	服务内容
A. 科技创新战略规划	A1. 创新战略规划研究	A1.1 企业创新需求分析
		A1.2 技术/产品创新路线规划
		A1.3 企业数字化转型战略规划
		A1.4 企业创新战略规划
	A2. 企业竞争能力分析	A2.1 竞争情报分析
		A2.2 知识产权分析评议
B. 技术研发	B1. 研发服务	B1.1 新技术研发服务
		B1.2 新产品研发服务
		B1.3 新工艺研发服务
		B1.4 新材料研发服务
	B2. 专业技术服务	B2.1 技术分析服务
		B2.2 技术试验服务
		B2.3 其他专业技术服务
C. 技术转移	C1. 技术评价服务	C1.1 产权界定
		C1.2 价值评估
	C2. 技术交易服务	C2.1 技术成果推广
		C2.2 技术成果供需对接
		C2.3 技术流转交易服务
		C2.4 技术转移国际化布局服务
	C3. 科技金融服务	C3.1 技术投融资服务
		C3.2 技术质押融资服务
	C4. 创新创业孵化服务	C4.1 创业辅导服务
		C4.2 技术创新服务
		C4.3 推广与对接服务
		C4.4 其他孵化服务
E. 创新人才培养	E1. 创新人才培训	E1.1 企业家创新领导力培训
		E1.2 技术转移服务人员培训

十、技术转移人才

93　什么是技术经理人?

技术经理人一般是指在科技成果转移、转化和产业化过程中,从事成果挖掘、培育孵化、熟化推广、成果评价、交易保障,以及其他提供金融、法律、知识产权、人力资源、市场营销等相关服务的专业人员或团队。

专业的技术经理人具备良好的商业逻辑,能够辨识科技项目的技术水平、资本路径、应用场景、销售方式等,帮助科研人员寻找合适的合伙人、组建创业团队,并熟悉科技成果转化的法律法规和操作程序。

94　技术经理人在技术转移中的工作内容是什么?

2022 年修订的《中华人民共和国职业分类大典》首次将技术经理人作为新职业列入大典。其中,技术经理人被归类在"专业技术人员"类别中,其主要工作内容如下:

(1) 收集、储备、筛选、发布各类科技成果信息,促进交易各方建立联系。

(2) 为技术交易各方提供技术成果在科技、经济、市场方面评估评价、分析咨询、尽职调查、商务策划等服务。

(3) 为交易各方提供需求挖掘、筛选、匹配和对接等服务。

(4) 制定科技成果转移转化实施方案、商业计划书、市场调查报告等,开展可行性研究论证。

(5) 组织各类资源促进技术孵化、熟化、培育、推广和交易。

(6) 提供科技成果转移转化和产业化投融资相关服务。

(7) 提供科技成果转移转化知识产权导航、布局、保护和运营等服务。

(8) 提供科技成果转移转化合规审查、风险预判、争端解决等法律咨询服务。

上述工作内容表明,技术经理人在科技成果商业化过程中扮演着重要的角色,不仅需要具备技术领域的专业知识,还需要了解市场、法律、金融等多个方面的知识,在科技成果的转移转化过程中发挥着不可或缺的作用。

95 科研事业单位如何建立专业化技术转移人才队伍?

技术转移人才队伍建设是科研事业单位开展专业化技术转移机构建设的必要条件。《国务院关于印发〈国家技术转移体系建设方案〉的通知》提出,加强技术转移管理人员、技术经纪人、技术经理人等人才队伍建设,畅通职业发展和职称晋升通道。支持和鼓励高校、科研院所设置专职从事技术转移工作的创新型岗位,绩效工资分配应当向作出突出贡献的技术转移人员倾斜。《上海市科学技术进步条例》第 14 条规定,使用财政性资金设立的科学技术研究开发机构和高等学校应当按照规定对完成、转化科技成果作出重要贡献的人员给予奖励。因此,科研事业单位可以采取如下措施建设专业化技术转移人才队伍:

(1) 设置专职从事技术转移岗位。结合科技成果转移转化的市场化工作特点,创新内部岗位管理机制,拓展专业人才范围,招聘投资、证券、工程、律师、会计师等专业人员。

(2) 采用灵活的奖励和分配机制。根据国家和地方政策,在专业化人才为科技成果转化作出贡献的前提下,突破绩效工资限制,给予专业人才以现金和股份奖励。

(3) 畅通技术转移人员晋升通道。有独立职称评审资格的高校院所,要制定技术转移服务人员的职称评审制度,结合科技成果转移转化的实际成效,对相关人员的职称晋升作出规定。对于不具备单列技术转移职称系列的机构,可给予一定职数,允许委托市人社部门进行评审。

96 上海对技术转移人才队伍建设有哪些激励措施?

上海市持续推动专业化技术转移人才队伍建设,主要采取以下措施:

(1) 技术转移人才被纳入"紧缺人才目录"。2021 年,上海市科委等 6 部门联合发布《上海市重点领域(科技创新类)"十四五"紧缺人才开发目录》,"成果转化类紧缺人才"被列入第 4 类别,包括技术转移管理、技术转移应用、技术推广和专利领域服务 3 大类别 14 小类。

(2) 技术转移人才被纳入上海市多个人才计划或项目。自 2021 年以来,上海市优秀学术/技术带头人计划项目设置"技术带头人(技术转移)"方向,旨在培育一批具有丰富经验、具备创新能力,复合型、专业型的技术转移服务带头人。2023 年,科技成果转化人才纳入上海市东方英才计划。

（3）技术转移人才纳入上海市科技成果转化相关支持政策。2023年,上海市科技成果转化服务体系建设项目中,支持"专业化技术转移示范机构"落实一定比例经费用于技术经理人聘用和培养;将技术经理人引育纳入项目绩效考核。

（4）技术转移人才纳入上海市经济系列科技成果转移转化高级职称（副高级）。2021年,上海市人社局开通"经济系列科技成果转移转化高级职称（副高级）"职称评审通道,落实技术经理人职称晋升政策。

（5）建设国家技术转移人才培养基地。上海持续推动基地开展专业化技术转移人才培养,并联合高校开展技术转移方向学历教育,为技术转移人才提供有利于职业发展的项目场景、实训平台。

十一、技术转移合作

97　科技成果推广渠道有哪些?

在科技成果转移转化过程中,科技成果推广或技术推广起到至关重要的作用。对于科技成果持有者来说,推广渠道如下:

（1）通过内设科研处、成果处、技术转移办公室等自行推广。

（2）委托第三方技术转移机构开展推广活动。

（3）通过国家和地方政府设立的技术交易市场进行技术推广。

（4）参加各类科技成果展览、交易会、路演会等进行推广。

（5）借助各类专业协会、传统媒体、新媒体、高校校友网络等实施推广活动。

（6）主动对接各地地方政府科技部门、招商部门、人才管理部门开展推广活动。

98　选择科技成果转化的合作方时应考虑哪些因素?

科技成果持有者在选择科技成果转化合作方时,一般考虑以下几个要素:

（1）有与科研成果相关的产业资源和合作经验,并有一定的行业地位。

（2）有比较清晰的产品开发计划,以及市场渠道和客户资源储备。

（3）有场景或条件加速产品验证,有足够资源和资金推动产品落地,并有风险承担能力。

99 科研人员在科技成果较多的情况下如何选择合作方？

科研人员在科技成果较多的前提下，要结合科技成果转化具体方式选择合作方。

（1）开展科技成果合作实施活动。可以与多家企业合作者合作，开展技术转让、技术许可、技术研发、技术咨询和技术服务活动。

（2）作为主要创始人开展科技创业活动。与技术经理人、孵化投资机构等合作方通过行业分析及市场调研确定创业的主要领域和方向，把该领域方向以及关联领域方向的全部产品落在同一个公司或若干个公司里。

（3）作为非主要创始人开展科技创业活动。技术持有人作为非主要创始人，与多个合作方合作。这类方式虽然会比较灵活，但沟通成本会非常高。

没有任何单一模式适用于所有成果转化活动，决策者需要根据科技成果的具体特点和外部环境进行适时判断和定制化选择。

100 从科技成果到实施产业化需要分析哪些关键要素？

科技成果产业化是指将科技成果转化为实际产品、服务或工艺流程，形成新技术、新工艺、新材料、新产品，并发展新产业的过程。科技成果产业化活动需要考虑以下几个关键要素进行分析：

（1）科技成果的筛选与评估。

（2）产业技术的市场需求分析。

（3）知识产权保护与专利布局。

（4）商业模式设计。

（5）激励机制设计。

（6）内源资金和外源融资规划。

（7）产业化团队建设。

（8）中试及生产能力建设。

（9）营销方式和销售渠道筹划。

（10）技术持续创新与改进分析。

（11）政策支持与环境分析。

（12）产业化风险要素分析。

101　概念验证在科技成果转化过程中有哪些作用?

概念验证是指将研究人员具有潜在商业价值的新想法、技术创意、技术方案、样品雏形等科技成果,进行产品试验和用户体验,在经历持续迭代的研究开发之后,使其具备科技成果转化条件的过程。概念验证在科技成果转化中的作用有:

(1) 解决技术可行性和技术商品化两个关键问题。

(2) 吸引合作伙伴或社会化资本投入种子资金。

(3) 弥补科技成果转化断层,培育和熟化科技成果。

(4) 通过商业化活动对早期成果进行验证和试错。

(5) 在技术迭代中进行创新创业的"市场化教育"。

在概念验证过程中,资金来源是推进科技成果转化的核心要素。对于科研事业单位来说,概念验证资金的来源渠道一般包括单位自筹、公共财政资助、公益捐赠、社会资本。

总之,概念验证在科技成果从实验室到市场的转化过程中起着至关重要的作用,是推动科技成果转化和科技创新不可或缺的环节。科研事业单位在充分重视概念验证活动的前提下,科技成果转化工作有可能取得较大进展。

102　技术出口合作中需要注意哪些事项?

技术出口是从中华人民共和国境内向中华人民共和国境外,通过贸易、投资或者经济技术合作的方式转移技术的行为,包括专利权转让、专利申请权转让、专利实施许可、技术秘密转让、技术服务和其他方式的技术转移活动。

国家鼓励成熟的产业化技术出口,对自由出口的技术实行合同登记管理。禁止出口的技术,不得出口。限制出口的技术,实行许可证管理。对于禁止或限制出口的技术,由商务部会同科技部制定、调整并公布目录。根据《中华人民共和国对外贸易法》《中华人民共和国技术进出口管理条例》,2023 年 12 月,商务部、科技部修订发布了《中国禁止出口限制出口技术目录》。

高校、科研院所、企业等创新主体在技术转移合同签署过程中,需要重点关注如下几点:①从技术交易合同角度充分了解合作对方主体的身份情况;②对于纳入目录禁止出口的技术,不得与境外相关单位签订交易合同;对于限制出口的技术,及时申请出口许可证;③向境内注册的外资企业转让技术的不属于技术出口,但如该企业是在自贸区注册成立的外商独资企业,则可能被认为是技术出口。

103　科技成果转化合作过程中如何防止技术秘密泄露?

在科技成果转化过程中防止技术秘密泄露,是保障国家安全和利益、维护技术竞争力的重要环节。为防止技术秘密泄露,创新主体在科技成果转移转化合作过程中可采取以下措施:

(1) 培训教育。加强对技术秘密专业培训,强化保密意识教育。

(2) 保密约定。强化与合作方的保密约定,可与职工、访客等签订保密协议或在合作合同中约定保密义务。

(3) 场所管理。落实技术秘密场所保护措施,区分不同区域、根据保密级别采取禁止或限制来访。

(4) 载体管理。以隔离、加密、封存、限制等方式,对技术秘密的载体进行分门别类管理。

(5) 设备管理。对计算机、电信网络、信息存储等装备设备,采取禁止、限制登录复制等措施。

(6) 技术扩散。在科技交流、技术论坛、论文发表等的技术扩散过程中,采取保密宣示、禁止拍照等措施。

(7) 创新措施。在技术秘密形成过程中或完成之后,根据技术秘密的具体特点,采取其他创新性生物保密措施。

总之,技术秘密保护涉及创新主体的核心和关键利益,只有加强保护,才能强化创新策源能力,激发科研人员主动作为的成果转化积极性,保障其科技成果转化权利不受侵害。

十二、技术转移合同

104　普通民事合同订立的一般流程和资料要求有哪些?

普通民事合同的订立一般流程如下:

(1) 一方当事人发出希望订立合同的要约。

(2) 受要约人作出同意订立合同的承诺。

（3）当事人之间就合同条款进行协商。

（4）签订正式民事合同。

签订普通合同需要准备的基础性资料有：①能证明当事人主体资格的材料，如身份证明、营业执照、法定代表人身份证明等；②合同所需的其他材料，如合同文本、公司章、法人章、合同章、签字笔等。

105　签定合同和签订合同有何区别？

《民法典》第 502 条规定，依法成立的合同，自成立时生效，但是法律另有规定或者当事人另有约定的除外。依照法律、行政法规的规定，合同应当办理批准等手续的，依照其规定。未办理批准等手续影响合同生效的，不影响合同中履行报批等义务条款以及相关条款的效力。应当办理申请批准等手续的当事人未履行义务的，对方可以请求其承担违反该义务的责任。依照法律、行政法规的规定，合同的变更、转让、解除等情形应当办理批准等手续的，适用前款规定。

民事合同"签订"表示从合同要约、谈判到签署协议的过程，它是一系列行为的综合。民事合同的"签定"，是合同各方达成意思一致表示的结果，它是一系列行为后产生的状态。从在合同文本用语上，应写为签订合同，而不是签定合同。

106　科技成果转化合同有几种类型？

确定科技成果转化的合同类型，既要结合《促进科技成果转化法》的规定，又要根据《民法典》的规定进行判断。《促进科技成果转化法》第 16 条规定，科技成果转化包括自行实施转化、转让、许可、合作实施、作价投资及其他协商确定的方式。因此，科技成果转让、许可、合作实施、作价投资合同在科技成果转化合同范围之内。

《民法典》第 20 章规定了技术开发、转让、许可、咨询、服务 5 种技术合同。其中，民法典第 851 条对"科技成果转化合同"作出了详细规定，即"当事人之间就具有实用价值的科技成果实施转化订立的合同，参照适用技术开发合同的有关规定"。《最高人民法院关于审理技术合同纠纷案件适用法律若干问题的解释》规定，《民法典》第 851 条第 4 款规定的"当事人之间就具有实用价值的科技成果实施转化订立的"技术转化合同，是指当事人之间就具有实用价值但尚未实现工业化应用的科技成果包括阶段性技术成果，以实现该科技成果工业化应用为目标,约定后续试验、开发和应用等内容的合同。

结合上述法律规定及技术合同认定登记实践,可以将科技成果转化合同分为如下几种类型:

(1) 单一科技成果转化合同,即科技成果持有方明确约定科技成果转让、许可给他人的合同。该类合同在《民法典》中是指技术转让和技术许可合同。

(2) 混合转让的作价投资合同,即科技成果持有方与他人主要约定以科技成果作价投资条款,其中包含科技成果转让条款。

(3) 混合转让和许可的"三技合同",即科技成果持有方与他人签署的技术开发、咨询、服务合同中加入科技成果的转让或许可条款。

(4) 科技成果合作实施合同,即科技成果持有方与他人签订合作实施合同,根据科技成果转化实施进展情况,分阶段采用转让、许可、作价投资、技术开发、咨询、服务等合同方式推进科技成果的转化实施。该类合同可以适用《民法典》第851条第4款技术开发合同的规定。

需要注意的是,《最高人民法院关于审理技术合同纠纷案件适用法律若干问题的解释》还规定:①就尚待研究开发的技术成果或者不涉及专利、专利申请或者技术秘密的知识、技术、经验和信息所订立的合同,不属于《民法典》第862条规定的技术转让合同或者技术许可合同;②技术转让合同中关于让与人向受让人提供实施技术的专用设备、原材料或者提供有关的技术咨询、技术服务的约定,属于技术转让合同的组成部分。因此发生的纠纷,按照技术转让合同处理。

因此,科技成果持有人与他人签订科技成果转化合同时,不宜简单"模板式"套用。要根据科技成果转化的实际需求,以有利于科技成果转化活动为目的,结合法律政策规定设计合同条款,签订科技成果转化合同。

107 科技成果转化合同的一般条款有哪些?

根据《促进科技成果转化法》和《民法典》的规定,科技成果转化应当签署书面合同,内容由当事人约定,一般包括下列内容:

(1) 合作方姓名或名称。合作方为自然人的,要列明基本情况、身份证号、住址等;合作方为法人单位的,要列明法定代表人、统一社会信用代码、住所地等。

(2) 科技成果项目名称。多个多种类型的科技成果,项目名称应当涵盖所有成果的内容。

（3）科技成果标的范围。如科技成果涉及专利的,应注明发明创造的名称、专利申请人、专利权人、申请日期、申请号、专利号、有效期限等。

（4）履行计划、地点和方式。需要包括科技成果交付资料内容、交付地点、交付方式等。如果涉及后续研究开发的,还需要约定研发计划、阶段成果、后续知识产权归属等。

（5）合同价款或者报酬。单一科技成果转化合同应当约定科技成果标的价款及其支付方式;混合转让的作价投资合同,建议单独约定科技成果作价投资条款;混合"三技合同"条款的,除约定科技成果标的价款之外,建议另行约定研发费用或服务报酬及其支付方式。

（6）合同无效或解除。约定侵害他人科技成果、非法垄断技术等行为的成果转化合同无效;出现不可抗力、无法实现合同目的等因素的可以约定解除合同。

（7）违约责任。对未完成交付、未支付价款报酬、未完成研发或服务任务等违约行为、违约承担方式、违约金数额等作出约定。如果造成对方损害的,还要约定损害赔偿条款等。

108 科技成果转让合同的主要条款有哪些?

《民法典》第 20 章"技术合同"第 3 节所规定的"技术转让合同"即科技成果转让合同。科技成果转让合同包括专利权转让、专利申请权转让、技术秘密转让等合同。除包括一般合同内容之外,科技成果转让合同通常包括以下几个方面:

（1）成果资料移交。成果转让方应向受让方提交的科技成果资料清单,并约定提交的时间、地点、方式等。

（2）价款及支付。包括成果转让的价款总额、支付方式(一次性、分期或提成)和时间以及支付条件。

（3）知识产权保证。转让方保证所转让的科技成果不侵犯任何第三方的合法权益。

（4）后续改进知识产权归属。约定双方对科技成果后续改进的权利归属和利益分配。

（5）保密条款。双方应遵守的保密义务,包括保密内容、涉密人员范围、保密期限和泄密责任。

需要注意的是,《最高人民法院关于审理技术合同纠纷案件适用法律若干问题的解释》规定,专利申请权转让合同当事人以专利申请被驳回或者被视为撤回为由请求解除合同,该事实发生在依照《专利法》第 10 条第 3 款的规定办理专利申请权转让登记之前的,人民法院应当予以支持;发生在转让登记之后的,不予支持,但当事人另有约定的除外。

109 科技成果许可合同的主要条款有哪些?

《民法典》第 20 章"技术合同"第 3 节所规定的"技术许可合同"即科技成果许可合同。除包括一般的合同内容之外,科技成果许可合同还包括以下几个方面的内容:

（1）许可类型。约定许可的类型,如排他许可、独家许可、普通许可、交叉许可等以及是否允许"分许可"。

（2）权利范围。具体说明被许可方拥有的权利类型,例如制造权、使用权、销售权、许诺销售权、进口权等。

（3）领域和区域。规定技术许可的行业领域和地理区域限制。

（4）付款条款。包括首付款、使用费提成、维持费等支付条款。

（5）许可期限。明确许可的有效期限。

110 科技成果作价投资合同的主要条款有哪些?

科技成果作价投资在《公司法》中被定义为知识产权出资,即科技成果持有者将其享有权利的知识产权作价转让给拟成立的企业。因此科技成果作价投资合同通常包括知识产权转让条款和股权合作条款两部分。前者可参考科技成果转让合同条款内容,后者要根据股权合作的具体内容确定。其中,股权合作部分应当适用《公司法》关于知识产权出资及其他与公司设立、运行、退出等相关规定。如果作价入股部分涉及有限合伙作为持股主体的,还需要依据《合伙企业法》规定确定合同内容。以成立有限责任公司为例,股权合作的主要条款如下:

（1）合作各方。

（2）经营范围。

（3）注册资本。

（4）股东出资额、出资方式和出资日期。

（5）拟出资知识产权的名称、比例、折算金额、转让时间等。

（6）股东权利和义务。

（7）公司机构及其产生办法、职权、议事规则。

（8）公司法定代表人的产生、变更办法。

（9）股东责任及破产清算等。

（10）其他事项。

科技成果作价投资合同是较为复杂的民事合同，建议由专业投资律师提供服务，以确保合同的合法性和有效性，保障各方的权益。

111　"三技合同"包括哪些类别？

关于"三技合同"的定义，在本书第44问已给出详细的阐释，而"三技合同"的具体类别和定义如下：

（1）技术开发合同。当事人之间就新技术、新产品、新工艺、新品种或者新材料及其系统的研究开发所订立的合同，包括委托开发合同和合作开发合同。

（2）技术咨询合同。当事人一方以技术知识为对方就特定技术项目提供可行性论证、技术预测、专题技术调查、分析评价报告等所订立的合同。

（3）技术服务合同。当事人一方以技术知识为对方解决特定技术问题所订立的合同，不包括承揽合同和建设工程合同。

由于"三技合同"的履行具有特殊性，常涉及与技术有关的其他权利归属，如论文发表、署名权、专利权、专利申请权、技术秘密权等，它既受《民法典》中合同制度的约束，又受知识产权制度的规范。

"三技合同"对于促进科技成果的研发、转化、应用和推广具有重要作用，是科技创新和产业发展中不可或缺的法律工具。如前所述，只有发生在"科技成果转化工作中"的"三技合同"才与科技成果转化奖酬金、是否计入绩效工资相关。

112　技术合同的特殊性条款有哪些？

《民法典》规定了技术开发、技术转让、技术许可、技术咨询、技术服务5类技术合同。5类技术合同的主要条款有具体要求，包括项目名称、标的、履行、保密、风险责任、成果以及收益分配、验收、价款、违约责任、争议解决方法和专门术语的解释等条款。相比其他民事合同，技术合同具有特殊性的条款主要有：

（1）保密条款。保守技术秘密是技术合同中的重要内容，在订立合同之前，当事人可以就保密问题签订保密协议，也可以在合同具体内容中对保密事项、保密范围、保密期限及保密责任等作出约定，以防止因泄密而造成的侵犯技术权益与技术贬值的情况发生。

（2）成果归属条款。在合同履行过程中产生的发明、发现或其他技术成果，应明确归谁所有及如何使用。对于后续改进技术的分享办法，当事人可以按照互利的原则在技术转让合同中明确约定，没有约定或约定不明确的，可以签订补充协议；无法达成补充协议的，可参考合同相关条款及交易习惯确定；仍不能确定归属的，一方后续改进的技术成果，他方无权分享。

（3）特殊的价款或报酬支付条款。如采取收入提成方式支付价款的，合同应以销售金额、产值、利润为基数，对提成比例等作出约定。

（4）专门术语和术语的解释条款。由于技术合同专业性较强，当事人应对合同中出现的关键性名词，或双方当事人认为有必要明确范围的术语，以及因在合同文本中重复出现而被简化的省略语作出解释，避免事后纠纷。

113 科技成果转化合同中设定违约条款时应注意哪些问题？

违约条款是民事合同的重要条款内容。一般来说，在科技成果转化合同中设定违约条款时要注意如下内容：

（1）约定内容。双方当事人可以约定一方违约时应当根据违约情况向对方支付一定数额的违约金，也可以约定因违约产生的损失赔偿额的计算方法。这种约定体现了当事人的意思自治原则，即双方可以根据具体情况自行协商确定违约金的数额和计算方式。

（2）违约金额。约定的违约金数额应当合理，不能低于造成的损失，也不能过分高于造成的损失。如果约定违约金低于造成的损失，人民法院或者仲裁机构可以根据当事人的请求予以适当增加；如果约定违约金过分高于造成的损失，人民法院或者仲裁机构可以根据当事人的请求予以适当减少。

（3）条款要求。合同中的违约金条款应当明确具体，包括违约金的数额、支付期限、支付方式等内容。如果约定的违约金低于造成的损失或过分高于造成的损失的，人民法院或者仲裁机构可以根据当事人的请求予以适当调整。

违约金约定应当遵循公平、合理、明确的原则，既要保护守约方的合法权益，也要防止违约金约定过高或过低导致的不公平结果。

114　什么是技术合同认定登记？

技术合同认定是指根据《技术合同认定登记管理办法》设立的技术合同登记机构，从技术上对技术合同当事人申请认定登记的合同文本进行核查，确认其是否符合技术合同要求的专项管理工作。

技术合同登记机构应当对申请认定登记的合同是否属于技术合同及属于何种技术合同作出结论，并核定其技术交易额（技术性收入）。可以认定登记的技术合同包括技术开发、技术转让、技术许可、技术咨询、技术服务 5 种类型。

对符合条件的技术合同经认定登记后，技术输出、输入单位可享受技术转移奖励补贴政策，如技术输出单位可享受增值税、企业所得税优惠政策，技术输入单位可享受加计扣除等税收优惠政策。

115　科技成果作价投资合同如何认定登记？

上海市科委于 2023 年在《关于进一步加强技术合同认定登记工作的通知》中提出了"规范技术合同认定登记管理"的要求。在引导高校、科研院所和医疗卫生机构等科研事业单位申报技术合同登记方面，鼓励科研事业单位签订技术合同，实现科技成果转化，以技术入股（作价投资）和技术股权转让方式订立的合同，并持续进行研发转化，可在技术股权退出之前按技术转让合同认定登记。高校授权下属全资资产经营公司签订作价投资合同的，可以视为高校科技成果转化行为，并以高校作为名义登记主体开展合同认定登记。针对上述规定，可进行如下理解：

（1）按照技术转让合同登记。科技成果作价投资和因科技成果作价投资形成的股权进行转让的，均可按照技术转让合同进行认定登记。

（2）在股权退出之前均可认定登记。科技成果的股权投资被视为持续开展研发转化活动的重要方式，在作价投资合同签订后直至股权退出之前，均可进行认定登记。

（3）授权作价投资合同可以高校名义认定登记。即高校授权下属全资资产经营公司签订的作价投资合同，视为高校科技成果转化行为，可以高校作为名义登记主体开展合同认定登记。

对于资产经营公司因高校授权所签订的作价投资合同，应当注意如下几点：①高校是合同中科技成果的持有者；②合同中应当包含具体拟作价投资的科技成果内容；③资产经营公司是作价投资的股权持有者，并享有股份权利。

第三部分

科技创业政策与实务

十三、公司创设

116 如何找到好的创业想法?

拥有好的创业想法是创业成功的先决条件,找到创业想法是一个涉及观察、分析、创意和规划的复杂过程,创业者可参考如下要素分析创业想法的合理性:

(1)用户需求识别。通过市场调研了解用户需求、市场缺口及竞争对手的情况。

(2)确定业务专长。结合自己热爱的业务专长,进行创业领域判断。

(3)参加创业培训。通过参加创业培训、研讨会等活动,提升创业能力,识别创业机会。

(4)测试可行产品。通过构建最小可行性产品,测试市场对创业者想法或产品的反应。

(5)分析市场资源。在分析自己能够获取的资金、市场、技术、管理等方面资源基础上,判断是否具有创业条件。

(6)学习政策法规。认真学习政府对创业活动的支持政策和相关法规,进而明确具体创业方向。

(7)考虑环境变化。对社会、文化、环境变化可能会带来新的市场和新的业务需求进行分析。

(8)开展专家咨询。向行业专家、导师或专业顾问咨询,获取他们的意见和建议。

（9）技术持续迭代。创业想法需要不断进行迭代和优化，随着市场和技术的变化而调整。

117 从哪些方面评估创业想法是否具有可行性？

评估创业想法是一个系统性过程，通过分析以下方面可以初步判断创业想法是否具有可行性和成功潜力，为制定创业计划和采取行动奠定基础：

（1）团队契合度分析。对团队成员的性格、背景、能力、需求多个维度，进行创业团队契合程度分析。

（2）市场需求分析。从市场体量、待解决问题、过往迭代速度及进入市场策略等方面，进行市场需求分析。

（3）竞争情况判断。对技术壁垒、价格高低、产品现状等与市场竞争相关的现状和未来趋势方面进行判断。

（4）创业资源评估。对技术、资金、人力、客户、供应链等创业所需资源进行评估。

（5）技术可行性评估。客观评估创业计划实施的技术可行性及阶段，包括技术迭代速度、知识产权保护情况、技术市场化情况等。

（6）法规监管环境。对应行业现行法规及监管要求及未来可能存在的变化，进行市场监管环境判断。

（7）盈利模式规划。商业的本质就是为盈利服务，如何赚钱、赚什么钱、能持续多久，创业活动对此需要有明确清晰的盈利模式规划。

（8）创业风险评估。对可能存在的法规风险、财务风险、环境风险、健康风险、团队风险、合作风险等进行评估。

118 有限责任公司与有限合伙企业有哪些区别？

有限责任公司与有限合伙企业是不同的创业企业，其区别有：

（1）法人资格。《民法典》第 60 条规定，法人以其全部财产独立承担民事责任。有限责任公司有独立的法人财产，能以其财产承担民事责任，是独立法人企业。有限合伙企业中的普通合伙人对合伙企业债务承担无限连带责任，故其不是法人企业，但能够以自己的名义从事民事活动。

（2）设立条件。有限责任公司由 1 个以上 50 个以下股东出资设立；由股东共同制定公司章程，章程应当按《公司法》规定载明各类事项；有公司名称和住所。有限合伙企业由 2 个以上 50 个以下合伙人设立,至少应当有 1 个普通合伙人,其他同普通合伙企业。

(3)责任承担。有限责任公司股东以其认缴的出资额为限对公司承担责任。有限合伙企业中有限合伙人以其认缴的出资额为限对合伙企业债务承担责任;普通合伙人承担无限责任。

(4)税务处理。有限责任公司通常以公司为独立纳税主体,缴纳企业所得税;股东从公司取得的股息、红利等收入,缴纳个人所得税。有限合伙企业以每一个合伙人为纳税义务人。合伙人是自然人的,缴纳个人所得税;合伙人是法人和其他组织的,缴纳企业所得税。合伙企业生产经营所得和其他所得采取"先分后税"的原则。

(5)组织结构。有限责任公司设股东会、董事会、监事会,分别作为公司的权力机构、执行机构、监督机构;可以设经理,由董事会决定聘任或者解聘,经理对董事会负责。有限合伙企业的有限合伙人不执行合伙事务,不得对外代表有限合伙企业。

(6)出资方式。有限责任公司股东可以用货币出资,也可以用实物、知识产权、土地使用权、股权、债权等可以用货币估价并可以依法转让的非货币财产作价出资。有限合伙企业中的有限合伙人可以用货币、实物、知识产权、土地使用权或者其他财产权利作价出资,但不得以劳务出资;普通合伙人可以用货币、实物、知识产权、土地使用权或者其他财产权利出资,也可以用劳务出资。

(7)融资方式。有限责任公司可以以股权、债权等方式融资。有限合伙企业可以吸收新合伙人,并进行债权融资,但不能开展股权融资活动。

119 注册成立企业有哪些流程?

注册成立企业的一般流程主要包括:

(1)企业名称核准。企业名称预先核准登记程序是企业名称登记的特殊程序,设立企业之前应当向企业登记管理机关申请名称预先核准,并获得《企业名称预先核准通知书》。

(2)企业设立登记。按照法定程序向企业登记机关申请,并提交一定的资料,经企业登记机关审核并记录在案。经设立登记并获得营业执照之后,方可开展生产经营活动。

(3)办理税务登记。按照规定向生产经营所在地税务机关提交资料,对企业的生产经营活动进行登记,并获得税务登记证书。

（4）设立社会保障及住房公积金账户。依照规定在企业生产经营所在地社会保障及住房公积金管理部门开设账户。

（5）开设基本存款账户。选择银行机构,开设办理转账结算和现金收付的主办账户,用于办理经营活动的日常资金收付以及工资、奖金和现金的支取。

（6）刻制企业印章。根据市场监督管理部门的要求,刻制企业所需要的法人印章、合同印章、财务印章等。

（7）其他必要手续。根据企业的经营范围和性质,可能还需要办理一些特别的行业许可证或批准文件。

120　公司注册前需要准备什么资料?

根据《市场监管总局关于印发〈市场主体登记文书规范〉〈市场主体登记提交材料规范〉的通知》附件2《市场主体登记提交材料规范》,公司设立登记需提交下列材料:

（1）《公司登记（备案）申请书》。

（2）公司章程（有限责任公司由全体股东签署,股份有限公司由全体发起人签署）。

（3）股东、发起人的主体资格文件或自然人身份证明。

（4）法定代表人、董事、监事和高级管理人员的任职文件。法定代表人、董事、监事和高级管理人员的身份证件复印件。

（5）房屋租赁合同或房产证明等住所使用相关文件。

（6）募集设立的股份有限公司提交依法设立的验资机构出具的验资证明。涉及发起人首次出资是非货币财产的,提交已办理财产权转移手续的证明文件。

（7）募集设立的股份有限公司公开发行股票的应提交国务院证券监督管理机构的核准文件。

（8）法律、行政法规和国务院决定规定设立公司必须报经批准的或公司申请登记的经营范围中有法律、行政法规和国务院决定规定必须在登记前报经批准的项目,提交有关批准文件或者许可证件的复印件。

121　企业法定代表人有哪些职责和义务?

企业法定代表人有法定和约定两种职责,其主要职责、义务包括:

（1）代表企业法人参加民事活动。

（2）负责企业的生产经营和管理。

（3）遵守法律法规和企业章程。

（4）妥善保管公司财产、印章和账册。

（5）接受监管和履行法定义务。

122　企业法定代表人有哪些风险?

法定代表人在享有权利的同时,必须承担相应的法律责任。法定代表人可能承担的风险主要有:

（1）民事责任风险。

（2）行政责任风险。

（3）被采取限制或惩戒措施的风险。

（4）履行破产程序中的义务风险。

（5）履职不当的赔偿责任。

（6）协助抽逃出资时的连带赔偿责任。

（7）因公司经营行为被追究刑事法律责任。

123　企业确定注册资本时应考虑哪些因素?

企业注册资本的确定应基于实际情况和未来发展需求,一般会考虑以下几个因素:

（1）行业要求。某些行业可能有最低注册资本的要求,特别是一些需要特定资质或许可证的行业。

（2）市场信誉。较高的注册资本可能增加公司市场信誉,有助于增强客户、供应商和合作伙伴的信心。

（3）运营资金。注册资本应能覆盖公司初期的运营成本。

（4）风险承担。有限责任公司的股东以其认缴的出资额为限对公司债务承担责任,过低的注册资本可能限制公司扩张和应对风险的能力。

（5）投资吸引。投资者可能会考虑公司的注册资本作为评估其稳定性和成长潜力的一个因素。

（6）银行贷款。银行在考虑贷款时,可能会参考公司的注册资本,较高的注册资本可能有助于获得贷款。

124　企业注册时的最低注册资金和实缴资金是多少？　注册资本是不是越高越好？

《公司法》对注册资本金无最低要求，在注册伊始也没有实缴要求。但是，《公司法》第 47 条规定，"全体股东认缴的出资额由股东按照公司章程的规定自公司成立之日起五年内缴足"，否则公司需要承担资本催缴、权利丧失、违规处罚等。

如果公司进行市场化融资，有外部投资者尤其是风险投资机构参与的，在其决定投资或出资前，基本都会要求创始团队完成注册资本金的全部实缴，并作为公司融资的先决条件。在这种情况下，如果注册资本太高，会给团队带来较大压力。因此，不建议以较高的注册资本进行登记，而是要结合行业要求、实际需求、资金筹集能力等综合考虑。

125　设立公司时是否可以直接使用工商版本的章程？

《公司法》第 5 条规定：设立公司应当依法制定公司章程。公司章程对公司、股东、董事、监事、高级管理人员具有约束力。因此，公司章程不仅是股东所达成的协议，更是公司的"内部宪章"。

市场监督管理部门提供的工商登记章程版本，是根据《公司法》的普适性经营准则制定的，未必完全符合公司实际经营中特别约定的需求。公司股东通常需要通过进一步修订签署公司章程来明确约定股东会决议方式、各股东权利义务、股权动态调整规则、公司决策机制、股权退出机制等事项，为公司后续经营中可能出现的意见分歧提供议事依据和决策约束力，避免出现公司僵局引发股东矛盾。因此，设立公司时可以直接使用工商版本的章程，但并非最优选择。

126　有限责任公司章程的绝对必要记载事项有哪些？

公司章程绝对必要记载事项，指法律明文规定必须记载于公司章程的事项。公司章程缺少其中任何一项或任何一项记载不合法，就不发生法律效力。按照《公司法》第 46 条规定，有限公司章程的绝对必要记载事项有以下内容：

（1）公司名称和住所。

（2）公司经营范围。

（3）公司注册资本。

（4）股东的姓名或者名称。

（5）股东的出资额、出资方式和出资日期。

（6）公司的机构及其产生办法、职权、议事规则。

（7）公司法定代表人的产生、变更办法。

（8）股东会认为需要规定的其他事项。

127 企业工商登记注册完成后可以领取哪些证件？

企业工商登记注册完成后可以领取的证件资料有：

（1）营业执照正本和副本。

（2）电子营业执照。

（3）银行开户许可证。

"五证合一"政策实施之后，组织机构代码证、税务登记证、社会保险登记证和统计登记证已并入营业执照中，只需要领取营业执照正、副本即可。

128 科研人员在创业初期可能存在哪些风险？

科研人员在创业初期的风险大致可分为一般风险和特殊风险。

（1）一般风险，包含公司历史沿革、过往横向合作、技术秘密、公司管理等合规风险；股权合作、商务合作等的合作风险；市场潜力预判、产品竞争、资金使用效率、公司经营成败等经营风险。

（2）特殊风险，包含行业政策和法规的快速变化对业务产生重大监管变化风险；对于处理大量用户数据的创业公司，数据泄露或不当使用的数据安全风险；快速扩张可能导致管理上的挑战，如组织架构、文化建设滞后的快速增长风险；不恰当融资结构、企业失信等导致的债务风险；有限责任、无限连带等的股权结构风险。

当然，一切行为都有风险，如何识别风险、评估风险和拥抱风险才是关键。科研人员可以广开思路，让专业人做专业事，找到合适的合作伙伴共同创业，是顺利创业的重要选项之一。

129 创业时选择细分市场的利弊分别是什么？

细分市场也称为小众市场或利基市场（Niche Market），通常是指根据不同的需求、特征或行为将消费市场分成更小的、更具体的市场。细分市场由具有相似需求或兴趣的消费群体组成,这些需求通常没有被更具有广泛性的"大众市场"所满足。因此,科技企业的技术产品进入细分市场,面对的销售领域较为集中,竞争较小,但市场用户或消费者规模亦较小。创业者选择进入细分市场(小众市场)既有优势也有挑战。

(1)选择细分市场(小众市场)的优势:

① 竞争较小。细分市场通常竞争较小,更容易建立品牌和客户忠诚度。

② 专注度高。细分市场通常能够在特定领域深耕,提供更加专业化的产品和服务。

③ 成本控制灵活。细分市场可能涉及较低的营销和运营成本。

④ 创新空间大。细分领域为创新提供了空间,可以开发独特的解决方案。

(2)选择细分市场(小众市场)的挑战:

① 市场规模较小。细分市场的规模可能较小,增长潜力有限。

② 资源限制较大。可能难以获得大规模的资金和资源支持。

③ 市场培育时间较长。需要投入时间和资源培育市场,让潜在客户了解产品的价值。

130 选择创业伙伴时需要考虑哪些因素?

选择创业伙伴是一个需要慎重考虑的决定,创业伙伴的选择将直接影响到创业旅程和公司的未来发展。选择创业伙伴时一般需要考虑以下因素:

(1)明确合作伙伴的特定技能、经验和个性特质等。

(2)辨别合作伙伴的个人资源的全面性或偏向性。

(3)了解合作伙伴在行业活动中的参与度。

(4)合作伙伴应有共同兴趣和价值观,能相互信任和尊重。

(5)合作伙伴应有良好的沟通能力和互补技能。

(6)通过合同明确安排其股权比例和管理职务。

(7)有共同工作的默契度、目标愿景及风险共担承诺。

131 创业企业在确定实际控制人时需要考虑哪些要素?

创业过程中通常要有企业的实际控制人,否则可能会造成一盘散沙的局面。实际控制人负责带领企业成长壮大,不断解决发展过程中的问题和困难。所以在公司股权设计上,一般由实际控制人占相对较大的股权比例。

确定实际控制人时需要考虑以下要素：愿景与使命、领导能力、风险承担、长期规划、法律与合规、技能与经验、资金投入、市场与业务联系、公司治理结构、个人影响等。

132 对共同创业合伙人的股权比例安排应考虑哪些因素？

共同创业的参与者的股权比例分配是一个复杂的决策过程，共同创业者的股权比例是创业各方综合考虑和持续的结果，需要所有创业参与方的一致认可。在共同创业合伙人的股权比例安排上，可以考虑以下因素：

（1）专业技能及投入与贡献。

（2）风险承担及长期承诺。

（3）市场价值及团队平衡。

（4）法律合同及单位政策。

（5）先例惯例或协商一致。

（6）个人意愿及第三方评估。

（7）激励机制与退出机制。

为避免未来税收风险及潜在法律纠纷，创业伙伴应尽量实名参与，非必要一般不采用股权代持的方式。

133 初创企业"平均分配"的股权结构是否合理？

在多人创业的情况下，"平均分配"的股权结构，容易导致公司僵局出现，对公司发展是不利的。假设三个股东，各占三分之一的股权比例，看似公平合理，但效率不高。其原因是：

（1）股权过于分散，缺乏合理的决策机制，容易形成"投票困局"。

（2）责任贡献不明，发展过程中可能形成"三个和尚没水吃"的局面。

（3）激励措施缺失，可能导致公司缺乏长期发展动力。

（4）投资者要求多样，不同阶段的融资可能有不同的股权结构要求。

当然，初创企业股权结构设计，没有所谓"最好"的，只有最"合适"的，创业者要根据创业团队人数、各自贡献度、是否预留期权池等来进行整体分析和考虑。

134 大股东在设置"一票否决权"时应考虑哪些其他因素？

大股东的"一票否决权"并不是天然拥有的，而是需要根据公司章程或股东

协议来确定,同时还应考虑以下因素:

(1) 公司章程的条款设置。

(2) 持股比例及小股东权益。

(3) 决策事项和法律规定。

(4) 滥用权力风险的规避。

(5) 合同义务透明度及信息披露。

在实际操作中,大股东是否能实行"一票否决权"应依据公司的具体规定和法律法规的要求。在赋予大股东"一票否决权"时,应确保其不会损害公司及其他股东的利益,并遵守透明度和公平性的原则。

135 用知识产权作价投资时应考虑哪些要素?

《公司法》规定,股东可以用知识产权等可以用货币估价并可以依法转让的非货币财产作价出资,但要考虑以下要素:

(1) 在公司章程中明确规定知识产权出资方式。

(2) 明确知识产权在公司股权中所占比例。

(3) 对拟作价知识产权及时进行权利变更。

(4) 对拟作价投资的知识产权进行评估作价,并记入公司财务账册。

(5) 及时办理所得税递延纳税手续。

(6) 以职务科技成果作价投资的,要符合科技成果持有者的制度要求。

136 共同创业者不希望披露个人持股信息,应该如何处理?

共同创业者不愿披露个人持股信息的,一般有以下两种处理方式:

(1) 签订股权代持协议。选择信任的人(直系亲属在股权还原时免个人所得税)代持股份。但需注意的是,企业未来要走上市之路的话,在报告期之前务必还原,且不排除会进一步审查代持原因。

(2) 参与股权激励计划。参与项目公司的股权激励计划(如有),持有项目公司虚拟股票。在这种模式下,部分公司仅在公司内部登记和流转持股信息,对于这些信息不进行工商登记、不对外公示。

无论是股份代持还是其他形式,首要前提是合规转化和单位备案登记,不能违法或者违反单位规定。

137　在企业运营实践中应识别和规避股权代持的哪些风险?

股权代持是一种在实践中较为常见的股权处置方式。但股权代持可能带来较多法律风险:

(1) 代持协议的法律效力风险。

(2) 股权被名义股东处分的风险。

(3) 股权被司法机构强制执行的风险。

(4) 名义股东的法律纠纷带来的债务风险。

(5) 因股份变更带来的额外税务负担风险。

(6) 名义股东不履行股权义务的风险。

(7) 股权被继承的风险。

(8) 名义股东拒绝返还股权的风险。

(9) 因代持关系带来的法律诉讼风险。

(10) 因公司治理问题带来的股权丧失风险。

(11) 名义股东的个人征信风险。

(12) 代持关系公开后的信任风险。

因此,在进行股权代持安排时,实际出资人和名义股东都应当充分了解相关法律风险,并采取适当的风险控制措施,如签订明确的代持协议,可进行必要的质押登记,要求其他股东进行书面确认等,以保护各自的合法权益。

138　初创企业该如何选择落地的园区?

各地在招商引资过程中,会根据国家规定,设定不同的产业发展支持政策,创业者对企业落地的地区和园区的选择十分重要。项目早期如果能获得地方资助政策的支持,会在一定程度上缓解融资的压力。

在实践中,很多科研人员初创的企业会把总部或者产业验证基地设在全国各地,虽然拿到了一些政策支持,但疲于多地奔波,团队效率低下,导致在市场化竞争中很快落于下风。

因此,建议考虑"总部研发(如上海等人才聚集地)+产业基地(产业链上下游聚集地)"模式,充分组合区域优势+政策优势+产业优势,保证初创企业在最需要生长的时候得到充分的支持。

十四、经营管理

139 企业在不同发展阶段如何平衡技术、管理、营销之间的发展?

对于不同发展阶段的企业,技术、管理、营销之间的平衡取决于企业的规模、业务模式、市场地位以及其所在行业的特定要求。对于不同发展阶段的企业,可分别采取不同策略:

(1) 初创期。企业在这个阶段通常专注于技术研发,以创造独特的产品或服务。初创企业通常规模较小,人员较少,产品或服务尚未被广泛接受,管理和营销可能相对是次要的。

(2) 发展期。随着企业不断发展,为确保有效的组织结构和流程,管理的重要性逐渐增加。同时,营销的重要性也逐渐增加,因为企业需要更好地理解市场趋势和客户需求。技术仍然是重要的,但企业可能需要更注重提高效率和质量。

(3) 成熟期。在成熟阶段,企业可能需要平衡技术、管理和营销的各个方面。技术需要转向创新和优化现有产品或服务上,管理需要确保组织的稳定性和效率,营销则需要更好地理解市场趋势和竞争对手的行动。

140 有限公司股东会的职权有哪些?

根据《公司法》第59条的规定,有限责任公司股东会行使下列职权:

(1) 选举和更换董事、监事,决定有关董事、监事的报酬事项。

(2) 审议批准董事会的报告。

(3) 审议批准监事会的报告。

(4) 审议批准公司的利润分配方案和弥补亏损方案。

(5) 对公司增加或者减少注册资本作出决议。

(6) 对发行公司债券作出决议。

(7) 对公司合并、分立、解散、清算或者变更公司形式作出决议。

(8) 修改公司章程。

(9) 公司章程规定的其他职权。

对前述所列事项股东以书面形式一致表示同意的,可以不召开股东会会议,直接作出决定,并由全体股东在决定文件上签名或者盖章。

141 公司股东享有哪些基本权利?

根据《公司法》的规定,公司股东享有以下基本权利:

(1)股东身份权。根据法律和章程规定,公司股东享有股东身份。

(2)表决权。股东有权在股东会上就公司的重大事项进行表决。

(3)选举权。股东有权在股东会上选举董事和监事。

(4)被选举权。股东本人或其提名的人有权被选举为董事或监事。

(5)知情权。股东有权获取公司的经营状况、财务情况等相关信息。

(6)利润分配权。股东有权按照约定比例享有公司利润。

(7)优先认购权。在公司发行新股或增加注册资本时,股东有权优先认购新股。

(8)转让权。股东有权转让其持有的股份,但需遵守公司章程和相关法律法规的规定。

(9)查阅权。股东有权查阅公司章程、股东名册、股东会会议记录、董事会会议决议、监事会会议决议和财务会计报告等文件。

(10)提案权。在股东会上,股东有权提出议案供会议议决。

(11)诉讼权。当公司董事、高级管理人员的行为损害公司利益时,股东有权为公司利益提起诉讼。

(12)解散请求权。在特定条件下,股东有权请求解散公司。

(13)剩余财产分配权。在公司解散清算后,股东有权按照其持股比例分配剩余财产。

(14)参与重大决策权。股东有权参与公司的重大决策,如合并、分立、解散等。

(15)监督权。股东有权监督公司的经营活动,对董事、监事和高级管理人员的行为提出质询。

(16)其他权利。根据公司章程或相关法律法规,股东可能还享有其他特定的权利。

142 公司股东需要承担哪些主要义务?

根据《公司法》的相关规定,股东需要承担的义务主要有:

（1）股东应按章程规定足额出资，且不得抽逃出资。

（2）遵守法律、法规及公司章程规定。

（3）按照章程约定参加股东会，并对相关事项进行决策。

（4）保守公司商业秘密。

（5）不得滥用股东权利损害公司或其他股东的利益。

（6）不得滥用股东地位和有限责任损害债权人利益。

（7）履行法律法规及章程规定的其他法定义务。

143　公司必须设董事会和监事会吗？

根据《公司法》的相关规定，公司是否必须设立董事会和监事会取决于公司的类型和规模：

（1）有限责任公司。股东人数较少、规模较小的有限责任公司可以不设立监事会，可以设一名监事，行使监事会职权；经全体股东一致同意，也可以不设监事。有限责任公司也可按公司章程规定在董事会中设置由董事组成的审计委员会，行使监事会的职权，不设监事会或者监事。

（2）股份有限公司。需按照《公司法》规定设立董事会和监事会。规模较小或者股东人数较少的股份有限公司，可以不设监事会，设一名监事，行使监事会的职权。股份有限公司也可以按照公司章程的规定在董事会中设置由董事组成的审计委员会，行使监事会的职权，不设监事会或者监事。

（3）国有独资公司。不设股东会，由履行出资人职责的机构行使股东会职权。国有独资公司的董事会依照公司法规定行使职权。国有独资公司的董事会成员中，应当过半数为外部董事，并应当有公司职工代表。董事会成员由履行出资人职责的机构委派；其中职工代表由公司职工代表大会选举产生。国有独资公司在董事会中设置由董事组成的审计委员会行使本法规定的监事会职权的，不设监事会或者监事。

（4）外商投资企业。外商投资企业包括外商独资企业、中外合资企业、中外合作企业、外国公司的分支机构等，其董事会、监事会的设立需要根据公司法、外商投资法规定，视具体情况而定。

144　有限责任公司董事会的职权有哪些？

根据《公司法》第 67 条规定，有限责任公司设立董事会的，其职权如下：

（1）召集股东会会议，并向股东会报告工作。

（2）执行股东会的决议。

（3）决定公司的经营计划和投资方案。

（4）制订公司的利润分配方案和弥补亏损方案。

（5）制订公司增加或者减少注册资本以及发行公司债券方案。

（6）制订公司合并、分立、解散或者变更公司形式方案。

（7）决定公司内部管理机构的设置。

（8）决定聘任或者解聘公司经理及其报酬事项，并根据经理的提名决定聘任或者解聘公司副经理、财务负责人及其报酬事项。

（9）制订公司的基本管理制度。

（10）公司章程规定或者股东会授予的其他职权。

公司章程对董事会职权的限制不得对抗善意相对人。

145 公司董事享有哪些基本权利?

公司董事的基本权利主要包括以下几点：

（1）参与决策权。董事有权参与董事会会议，并对公司的重大决策进行讨论和表决。

（2）获取信息权。董事有权获取公司的经营情况、财务状况等相关信息。

（3）监督权。董事有权监督公司的经营活动，确保公司按照法律法规和公司章程运作。

（4）代表公司权。在授权范围内，董事可以对外代表公司签署合同和进行其他法律行为。

（5）获得报酬权。董事根据公司章程或股东会决议，有权获得相应的报酬。

（6）提案权。董事可以在董事会上提出议案，供董事会讨论。

（7）选举权和被选举权。在公司治理结构中，董事有权选举或被选举为董事长或副董事长。

（8）法律和公司章程规定的其他权利。

146 公司董事需要承担哪些主要义务?

公司董事需要承担的主要义务包括以下几点：

（1）忠实义务。董事必须以公司的最大利益为行动准则，不得利用职务之便为自己或他人谋取私利。

（2）勤勉义务。董事应当勤勉尽责，执行职务应当为公司的最大利益尽到管理者通常应有的合理注意。

（3）遵守法律法规和公司章程。董事在行使职权时，必须遵守国家的法律法规和公司章程的规定。

（4）保守商业秘密。董事在任职期间和离职后，都有义务保守公司的商业秘密。

（5）报告义务。董事应当及时向股东会报告公司的经营状况和重大事项。

（6）避免利益冲突。董事在处理可能涉及个人利益的事务时，应当避免利益冲突，并在必要时进行披露。

（7）赔偿责任。如果董事的行为导致公司损失，他们可能需要对公司进行赔偿。

（8）参与董事会会议。董事有义务参加董事会会议，并积极参与公司治理。

（9）促进公司合规。董事应当推动公司遵守所有适用的法律法规，维护公司的合规性。

（10）其他义务。履行法律法规或公司章程规定的其他义务。

147　有限责任公司的监事享有哪些基本权利？

根据《公司法》第78条、第80条规定，有限责任公司设立监事会的，可行使下列职权：

（1）检查公司财务。

（2）对董事、高级管理人员执行职务的行为进行监督，对违反法律、行政法规、公司章程或者股东会决议的董事、高级管理人员提出解任的建议。

（3）当董事、高级管理人员的行为损害公司的利益时，要求董事、高级管理人员予以纠正。

（4）提议召开临时股东会会议，在董事会不履行本法规定的召集和主持股东会会议职责时召集和主持股东会会议。

（5）向股东会会议提出提案。

（6）依照公司法第189条的规定，对董事、高级管理人员提起诉讼。

（7）公司章程规定的其他职权。

（8）要求董事、高级管理人员提交执行职务的报告。

148 公司监事需要承担哪些主要义务？

公司监事需要承担的主要义务包括以下几点：

（1）遵守法律法规和公司章程。

（2）忠实义务。

（3）勤勉义务。

（4）保密义务。

（5）公平对待所有股东。

（6）及时了解公司业务经营管理状况。

（7）签署书面确认意见。监事应当对公司定期报告签署书面确认意见，保证所披露信息的真实性、准确性和完整性。

（8）提供情况和资料。监事应当如实向监事会提供有关情况和资料，不得妨碍监事会或监事行使职权。

（9）其他法定义务。根据法律、行政法规、部门规章及公司章程规定的其他义务。

149 什么是企业关联交易？

关联交易是指企业关联方之间的交易，是企业生产经营活动中经常出现且可能导致不公平结果的交易。判断是否属于关联交易的重要因素是关联关系，即公司控股股东、实际控制人、董事、监事、高级管理人员与其直接或者间接控制的企业之间的关系，以及可能导致公司利益转移的其他关系。关联交易的关联方包括自然人和法人，主要指公司控股股东、实际控制人、董事、监事、高级管理人员以及他们的家属和他们所控制的公司。

关联交易涉及财务监督、信息披露、少数股东权益等一系列问题。关联交易有可能使交易的价格、方式等在非竞争的条件下出现不公正的情况，形成对股东或者部分股东权益的侵犯，也容易导致债权人的利益受到损害，法律禁止不公正关联交易。

《公司法》第22条规定，公司的控股股东、实际控制人、董事、监事、高级管理人员不得利用关联关系损害公司利益。违反前款规定，给公司造成损失的，应当承担赔偿责任;第182条规定,董事、监事、高级管理人员,直接或者间接与本公司订立合同或者进行交易,应当就与订立合同或者进行交易有关的事项向董事会或者股东会报告,并按照公司章程的规定经董事会或者股东会决议通过。

150　关联交易有哪些主要特征?

关联交易主要具有以下几点特征:

(1)关联交易的主体具有不平等性。关联交易是发生在公司和关联方之间,交易一方可能对另一方有控制权或者重大影响。双方实际上处于不平等的法律地位,所以存在关联方恶意串通的可能,即利用关联交易行为损害第三人的利益或者一方利用优势地位损害另一方的利益。

(2)关联交易的形式具有多样性。公司关联交易行为的方式是多种多样的,主要有以下形式:购买或者销售商品、购买或者销售商品以外的其他资产。关联方之间相互提供或者接受劳务、担保,提供资金、租赁、代理、研究与开发项目的转移,签订许可协议,代表企业或者由企业代表另一方进行债务结算,给关键管理人员支付薪酬等。

(3)关联交易涉及公司内部的利益冲突。无论是公司的控股股东,还是董事、高管都对公司以及全体股东负有忠诚义务。利益获得方可能在获得自身利益基础上,通过关联交易损害公司利益,进而发生利益冲突关系。

(4)关联交易的后果具有双重性。关联交易既可能是公平公正的,也可能是不公平、不公正的。由于利益冲突因素和控制因素的存在,关联交易中客观上存在着不公平的风险,可能造成对公司利益的侵害和对股东或者公司债权人的利益侵害。

151　公司和股东之间一般会有哪些经济往来关系?

公司和股东之间一般的经济往来关系有:股东出资、利润分配、股权转让、股东借款、担保和抵押、股权激励、回购股份、股东贷款、关联交易、费用报销、赔偿和违约、资本变动、清算分配、投资回报、税务处理等。

公司与股东之间的经济往来应当遵循公平、合理的原则,并符合相关法律法规的要求。在进行经济往来时,应确保交易的合法性、合规性,并保护公司及其他股东的利益。

152 有限责任公司盈利后能否立即分配给股东利润？ 有具体分配顺序吗？

有限公司盈利后，不能立即将利润分配给股东，因为利润分配需要遵循一定的程序和法律规定。根据《公司法》规定，有限公司利润分配具有以下分配顺序：

（1）利润确定。公司需要在会计年度结束后，通过会计审计确定实际的利润额。

（2）弥补以前年度亏损。如果公司之前有未弥补的亏损，公司应首先使用当年利润弥补以前年度的亏损。

（3）提取法定公积金。公司分配利润前需要提取法定公积金。提取税后利润 10％作为法定公积金（累计额达到注册资本的 50％以上时，可不再提取）。

（4）提取任意公积金。公司还可以根据实际情况提取任意公积金（不强制），用于公司的长期发展或风险防范。

（5）缴纳税费。公司在分配利润前，需要确保已经缴纳了所有应缴的税费。

（6）股东会决议。利润分配方案需要提交给股东会审议批准。股东会根据公司的财务状况和未来发展需要，决定利润分配的比例和方式。

（7）法律法规要求。公司在分配利润时，还需要遵守相关的法律法规，如《公司法》《中华人民共和国税法》等。

（8）时间安排。利润分配通常在会计年度结束后的一段时间内进行，具体时间取决于公司的决策流程和会计审计进度。

如果公司盈利后不按上述顺序进行利润分配，可能为后续埋下争议的隐患。在实操层面，创业企业只要股东达成一致，出具有关股东会决议后，可以直接进行分配。

153 分公司与子公司的区别是什么？

分公司和子公司是公司组织结构中的两种不同形式，它们在法律地位、财务独立性、管理控制等方面存在显著差异：

（1）法律地位。分公司不具有独立的法人资格，是母公司（总公司）的一个分支机构，其法律责任由母公司承担。子公司具有独立的法人资格，可以独立承担法律责任,其责任范围限于其自身的资产。

(2)财务独立性。分公司财务通常并入母公司的财务报表中,不单独编制财务报表。子公司有自己的财务报表,其盈亏独立于母公司,但母公司可以通过股权比例分享子公司的利润。

(3)管理控制。分公司由母公司直接管理,其业务和运营通常受到母公司的严格控制。尽管母公司通过持有多数股份对子公司有控制权,但子公司在管理上拥有更大的自主性。

(4)税务处理。分公司的税务通常与母公司合并处理,可能享受某些税收优惠。子公司作为独立法人,需要独立报税,可能无法享受与母公司相同的税收优惠。

(5)资本结构。分公司没有自己的资本结构,其运营资金由母公司提供。子公司有自己的资本结构,可以通过发行股票、债券等方式筹集资金。

(6)债务责任。分公司债务由母公司直接承担。子公司的债务通常由子公司自身资产承担,母公司的责任限于其投资额(除非提供担保)。

(7)设立程序。分公司设立程序相对简单,通常只需要在母公司的基础上进行登记。子公司需要按照成立新公司的程序进行,包括注册、章程制定等。

(8)业务运营。分公司业务范围通常与母公司相同或密切相关。子公司可以独立开展业务,业务范围可能与母公司不同或更广泛。

(9)品牌和市场定位。分公司常使用母公司的品牌形象和市场策略。子公司可能有自己的品牌和市场定位,独立于母公司运营。

一般而言,如果公司经营业态没有太多变化,又要强调经营控制权的,则以分公司为宜。反之,如果需要吸引不同地区的新投资者、需要隔离风险或者尝试新业态的,设立子公司更为合理。

154　如果发现有人伪造并滥用公司印章怎么办?

伪造公司印章是一种违反法律程序的严重违法行为,不仅会对公司造成直接的经济损失,还可能对公司的声誉和业务运营产生长远影响。因此,一旦发现此类行为,应立即采取行动,依法处理。当公司发现印章被伪造后,应尽快采取如下行动:

(1)确认损失。公司应关注损失范围,搜集、整理证据材料,并及时向公安机关报案。

（2）内部调查。进行内部调查，确定伪造印章的行为是由公司内部人员还是外部人员所为，以及滥用印章的具体情形。

（3）法律咨询。咨询法律专业人士，了解相关的法律规定和建议的法律行动。

（4）合同审查。对于使用伪造印章签订的合同，进行详细审查，确定合同的法律效力。

（5）公告声明。根据情况，公司可能需要通过法律途径或公开渠道发布声明，澄清伪造印章的事实，减少对公司的负面影响。同时，尽快通知合同相对方，及时终止未履行完毕的合同，对于已经发生的投入，如果相对方没有及时采取措施造成损失进一步扩大的，也不得就扩大的损失向该公司主张赔偿。

（6）风险控制。如果伪造的印章仍未得到有效控制，存在继续被使用风险的，应及时申请变更公司印章，印文内容应显著区别于原印章，尽快将印章变更的情况向公安机关、工商部门等进行备案，并声明原印章作废。同时，立即审查并加强公司印章管理制度，防止类似事件再次发生。

（7）员工教育。加强员工对于公司资产和印章重要性的教育，提高员工的法律意识和职业道德。

（8）后续监控。在事件处理过程之中和之后，持续监控相关情况，确保问题得到妥善解决。

155　公司高管签字的交易合同是否有效取决于哪些因素?

公司高管签字的交易合同是否有效，取决于以下因素：

（1）授权代表。签字人是否拥有公司的合法授权来代表公司签订合同。如果员工或高管在其职权范围内或根据公司授权代表公司签字，则合同通常是有效的。

（2）合同内容。合同的条款和内容是否符合法律规定，是否违反法律禁止性规定或公序良俗。

（3）签字人的身份。签字人是否是公司的法定代表人或拥有相应权限的高管。法定代表人通常有权代表公司签订合同，而其他员工或高管可能需要公司的具体授权。

（4）合同形式。合同是否采用适当的形式，比如书面形式，以及是否满足了相关法律法规对特定类型合同形式的要求。

（5）真实意愿。合同双方是否基于真实意愿签订合同，没有欺诈、胁迫等非法手段。

（6）合法程序。合同签订过程中是否遵循了必要的合法程序，如必要的审查、批准和备案程序。

（7）合同生效条件。合同是否满足了生效所需的条件，如必需的签字、盖章等。

（8）法律规定。合同是否符合《民法典》及其他相关法律法规的规定。

156　签署公司营业场所租赁合同时需要特别关注的要点有哪些?

签署公司营业场所租赁合同时应特别关注以下几点：

（1）房屋的合法性问题。比如判断是否是违章建筑，就需要查明权属证书。如果是违章建筑的，那么应该在合同中对于一些特殊情形（如拆除及相关补偿费用）作出有关约定为宜。

（2）转租期限问题。如果是承租二房东物业的，需要注意承租期有没有超过一房东和二房东的租赁期，如果无法核实，也同样需要设置有关条款保障自身权益。

（3）装修装饰问题。能否装修、装修归属、装修残值等问题可进行明确约定。

（4）房屋用途限制问题。科技企业不同于服务性企业或一般商业，可能会涉及环境影响评价、安全评价、能耗标准、单位面积承重等与企业自身经营和发展需求密切相关的要素，因此对于此类要求与标准经核实后，需在房屋租赁合同内明确约定，以保障自身权益，避免造成无法使用等损失。

157　购买发票是否构成虚开增值税发票类犯罪?

购买发票一般属于"逃税罪"的手段或行为。但依照《中华人民共和国刑法》（以下简称《刑法》）规定，虚开发票行为包括"为他人虚开、为自己虚开、让他人为自己虚开、介绍他人虚开"四种情形。购买发票属于"让他人为自己虚开型"的违法行为，进而存在被直接认定为虚开增值税发票类犯罪的可能性。

根据《刑法》的相关规定，虚开增值税专用发票罪主要针对的是虚构交易事实，开具增值税专用发票以骗取国家税款的行为。购买发票行为如果是用于虚构交易、骗取税款，或者用于其他非法目的，可能构成相关犯罪。

158 企业经营不善所欠债务，是否需要创始人偿还?

如果企业经营不善最终倒闭并欠下债务，创始人是否需要个人偿还债务，取决于多种因素，包括企业类型、责任范围及法律法规等。

（1）有限责任公司。股东的责任限于其出资额，通常情况下股东不需要用个人资产偿还公司债务。

（2）股份有限公司。股东的责任也通常是有限责任，即限于其所持有的股份价值。

（3）个人独资企业。投资人以其个人财产对企业的债务承担无限责任。

（4）合伙企业。有限合伙企业中除有限合伙人之外的合伙人，需要对合伙企业的债务承担无限连带责任。

（5）创始人个人行为。如果股东个人以个人名义进行担保或承诺偿还公司债务，需要个人偿还债务，与企业无关。

（6）公司出资不实。如果创始人未能按照约定实际缴纳出资，可能需要在未出资的范围内对公司债务承担责任。

（7）欺诈或不当行为。如果创始人参与欺诈、不当行为或违法行为导致公司债务，则可能需要承担相应的个人责任。

（8）公司清算。在公司清算过程中，如果发现公司资产不足以偿还债务，债权人可能会追索到股东，但这通常限于特定情况和法律规定。在公司解散和清算过程中，如果股东未依法履行清算责任，可能需要对因此造成的损失承担责任。

（9）破产保护。在某些情况下，如果公司申请破产保护，可能会限制债权人对股东的追索权。

（10）股东滥用权利。股东滥用公司法人独立地位和股东有限责任，逃避债务，严重损害公司债权人利益的，应当对公司债务承担连带责任。

（11）法院判决。如果法院判决股东对公司债务负有责任，那么股东可能需要偿还债务。

（12）债权人追索。如果债权人能够证明公司股东有不正当行为，如抽逃出资、虚假出资等，可以向股东追索。

159　公司申请注销时需要考虑哪些因素?

公司申请注销是个复杂的法律过程,涉及多个关注点,以下是一些主要的考虑因素:

(1) 法律合规性。确保公司符合所适用的法律法规要求,如《公司法》《税法》等。

(2) 公司章程。根据公司章程的规定进行清算,确保清算过程符合公司内部规定。

(3) 股东会决议。获得股东会关于解散和清算的决议,是启动注销流程的前提。

(4) 清算组成立。成立清算组,负责公司的清算事务,包括财产评估、债权债务处理等。

(5) 财务清算。公司需要进行财务清算,包括收回应收账款、支付应付账款、处理存货和固定资产等。

(6) 税务结算。完成所有税务申报,包括所得税、增值税、印花税等,并缴纳应缴税款。

(7) 员工安置。妥善处理员工的劳动合同终止、经济补偿和社会保险转移等问题。

(8) 合同履行或终止。处理未履行完毕的合同,决定是履行完毕还是与对方协商终止。

(9) 债权人通知。依法向债权人发出公司解散和清算的通知,并在规定时间内公告。

(10) 债务清偿。公司需要清偿所有债务,包括银行贷款、供应商货款、员工工资和社会保险等。

(11) 资产分配。在清偿债务后,按照法定程序和股东会决议分配剩余资产给股东。

(12) 档案管理。按照规定保存公司的重要文件和会计档案。

(13) 注销公告。在指定的媒体上发布公司注销公告,以便相关方知晓。

(14) 工商注销登记。向工商行政管理部门提交注销申请,包括清算报告、税务清算证明等文件。

(15) 银行账户关闭。关闭公司的所有银行账户,并妥善处理账户余额。

（16）许可证和资质注销。注销公司持有的各类许可证、资质证书和备案。

（17）法律诉讼和争议解决。处理公司可能涉及的法律诉讼和争议，确保没有未解决的法律问题。

（18）后续监督。即使公司注销后，原公司管理层可能仍需对某些事项承担监督责任。

十五、公司融资

160　创业者对资本和融资需要有怎样的认知？

创业者对资本和融资的认知，不仅影响企业的资金获取能力，还关系着企业的战略决策和长期发展。以下是关于资本和融资的一些基础知识：

（1）资本的重要性。资本是企业运营和发展的推动力，对于产品开发、市场推广、团队建设和日常运营都至关重要。

（2）融资的多样性。融资不仅包括股权融资，还包括债权融资、政府补贴、银行贷款、拨投结合等多种形式。

（3）融资的时机。融资的最佳时机，通常发生在企业成长的关键节点、市场机遇出现时或企业开展重大战略布局之前。

（4）融资的成本。不同类型的资本所需成本不同，涉及股权稀释、债权、投资者回报预期等。

（5）投资者的选择。投资者不仅是资金的提供者，也是资源、经验和网络的整合者。因此，选择与公司文化和发展战略相适应的投资者至关重要。

（6）商业计划书的作用。商业计划书是吸引投资的"敲门砖"，可以清晰展示企业的远景战略、竞争能力、市场分析、财务预测和团队背景等。

（7）尽职调查。投资者在投资前必须进行尽职调查，其内容主要有公司历史沿革、市场潜力、团队能力、财务状况等。

（8）谈判的重要性。融资过程中的谈判技巧，有利于帮助创业者获得更有利的合同条款和融资条件。

（9）退出机制。包括首次公开募股（Initial Public Offering，IPO）、并购重组（Mergers and Acquisitions，M&A）或股权转售等清晰的投资者退出机制，将在很大程度上影响投资者的投资决策和公司长期发展规划。

（10）风险管理。要重视到融资过程中可能遇到的市场、财务、法律等风险，制定相应的风险管理和控制措施。

（11）专业顾问的作用。需要了解融资财务顾问（Financial Advisor，FA）、律师和其他专业人士在融资过程中的作用。向这些专业顾问咨询可以帮助企业避免陷阱，有助于达成更好的交易效果。

161　初创公司进行市场化融资有哪些估值方法？

对初创公司进行资本估值是一个复杂的过程，通常涉及多种方法，每种方法都是从不同的角度评估公司的价值。以下几种方法可供参考：

（1）市场参照法。寻找类似的企业，比较其融资时的数据和估值。但该类估值法，在不同的融资时间点和不同的创始团队背景上存在一定的差异性。

（2）重复成本法。计算公司从成立到目前的所有投入成本，如人力和资金投入，然后将这些成本累加作为公司的现时估值。这种方法较为保守，适用于传统企业或非常早期的项目。

（3）资金预测法。估算公司达到下一阶段（如从天使轮到 A 轮）所需的资金量，然后根据计划融资数额及出让的股权比例来换算公司估值。

（4）伯库斯方法。美国连续创业者和风险投资家戴夫·伯库斯（Dave Berkus）提出创业公司估值方法，为早期创业公司的团队质量、市场规模、边际成本等因素提供参考。

（5）经济附加值模型（Economic Value Added，EVA）。经济附加值指扣除资本成本后的企业收益，能有效体现企业的资本权益收益。

（6）现金流折现法（Discounted Cash Flow，DCF）。该方法主要是预测企业未来的自由现金流和资本成本，然后将未来现金流贴现至现值。

（7）市盈率法（Price Earnings Ratio，PER）。这种方法是根据公司的净利润进行估值，反映价值与净利润的比率。对于已经具有一定净利润规模的公司，这种方法较为常用。

（8）市销率法（Price-to-Sales Ratio，P/S）。这种方法是按照公司的年销售收入进行估值，适用于收入增长快但净利润较低甚至亏损的创业公司。

这些方法可以单独使用，也可以结合使用。在实际操作中，选择哪种方法取决于公司的具体情况、所处行业和潜在投资者的偏好。

162 创业缺乏启动资金有哪些解决办法？ 这些办法的优选建议是什么？

创业缺乏启动资金是常见问题。以下是一些解决办法和优选建议：

（1）孵化投资。通过专业机构进行项目孵化和概念验证，获得资金支持、经营指导和资源导入等成长赋能。

（2）风险投资。市场化的钱更能证明公司实力和产品力，也是对创业项目的一种真实评价。

（3）产业资本投资。该种投资也是一种优选项，有场景、有需求、有订单加速产品的产业化落地，且大部分财务投资者也在看公司背后是否有产业方股东加持。

（4）政府引导基金投资。该种投资是以高质量招商协同地方产业发展为主要目的的投资。

（5）地方政府人才计划。可以酌情选择地方政府人才计划，但建议不要仅考虑给钱多与少，更要考虑包括产业能力、人才供给、上下游产业链协同等未来创业的决胜要素。

（6）地方产业落地支持政策。这类支持政策对项目质量要求会比较高，但支持的资金体量也会比较大。

（7）债权融资。通过借贷从银行等金融机构获得资金，通常是企业发展到一定阶段的融资方式。

163 股权融资和债权融资有何区别？

股权融资和债权融资是为公司发展获取资金的两种主要方式，它们在权利、义务、风险和回报等方面都有显著的区别：

（1）股权融资。公司股东愿意将公司股权进行部分或全部转让，用以吸引新的投资者，获得公司发展壮大所需要的货币资金。股权融资具有特别的优势：资金使用周期较长，没有定期偿付债务的压力，公司的财务风险较小，对公司成长壮大和长期发展较为有利。股权融资更适合于那些有持续研发投入、市场销售、品牌效应提升等需求，甚至通过上市或被并购等企业。

（2）债权融资。债权融资是指企业利用自然人、银行等社会资本，以借贷方式进行资金筹集。相对于股权融资，债权融资需要支付借款本息，而且这种支付通常以定期的方式,在企业研发成本较大且尚未取得盈利的发展初期,会有一定的财务压力。因此,债权融资主要用来解决企业短期资金周转问题,适合于具有确定性的营业收入,或发展到一定阶段需要资金周转的企业。

164　股权投资主体有哪几种类型?

股权投资主体主要包括以下几种类型:

(1) 个人投资者。这类投资者通常无须进行详尽的尽职调查,其投资决策主要基于对创业者个人的信任。这类投资人的资金量可能不会太大,风险承受能力也有限,往往限制在"失去这笔钱也无关紧要"的范围内。

(2) 风险投资者。这类投资者通常被称为 VC(Venture Capital)或 PE(Private Equity)投资者。风险投资者有严格的项目审查、判断和投资决策机制,对项目的综合素质要求较高;注重创业者的背景、思路的清晰程度以及是否具备深刻的见解;会深入进行详尽的尽职调查,包括公司资质、知识产权沿革、团队综合评价、竞争优势、持续盈利能力及退出可能性等,并会审视标的企业所属行业是否符合宏观发展趋势,以及是否具备迅速扩张的市场潜力。

(3) 战略投资者。战略投资者的投资计划是出于其自身的技术布局、产品部署、人才引进、上下游整合等战略利益考量,并会考虑是否对其集团或者战略部署具有重要意义。

(4) 地方产业引导基金。基于国家政策鼓励投早、投小、投科技的准则,地方产业引导基金也在部署早期科技项目,但该类基金的特点以鼓励和促进地方产业高质量发展为核心,高质量招商是他们的主要目标,对项目落地本地有严格的要求。

165　风险投资有哪些主要特征?

风险投资主要具有以下特征:

(1) 高风险性。风险投资通常投资于早期或成长期的企业,这些企业往往尚未盈利或具有不确定的盈利前景,因此投资风险较高。

(2) 高回报潜力。虽然风险较高,但成功的风险投资可以带来高额的回报,有时甚至是数十倍或数百倍的投资收益。

(3) 长期投资。风险投资通常需要较长的时间来实现回报,可能需要数年时间等待企业成长和市场成熟。

（4）股权投资。风险投资者通常通过溢价购买企业的股份来进行投资，这意味着他们成为企业的股东之一。

（5）参与管理。风险投资者不仅提供资金支持，还可能提供管理、技术、市场等方面的指导，帮助企业成长。

（6）专业投资机构。风险投资通常由专业的投资机构进行，这些机构拥有专业的投资团队和评估决策体系。

（7）选择性投资。风险投资者会对潜在的投资对象进行严格的筛选，选择具有高成长潜力和创新性的企业。

（8）退出机制。风险投资者在投资时就会考虑退出策略，常见的退出方式包括首次公开募股、并购、股权转让等。

（9）多元化投资组合。为了分散风险，风险投资机构通常会在一个基金内构建包含多个投资项目的组合。

（10）创新驱动。风险投资者倾向于投资那些能够推动技术创新和产业变革的企业。

（11）市场导向。风险投资决策通常基于对市场趋势和客户需求的深入分析。

（12）法律和合同约束。风险投资过程中会涉及一系列的法律文件和合同，明确投资条款、股东权利义务等。

（13）资本流动性。风险投资市场的资本流动性相对较低，因为投资通常与特定企业的成长周期绑定。

166 私募股权投资有哪些主要特征？

私募股权投资具有以下主要特征：

（1）非公开市场交易。私募股权投资主要投资于非上市公司的股权，或者上市公司非公开交易的股权。

（2）权益性投资。私募股权投资通常是以获得公司所有者权益为目的，投资者成为公司的部分所有者。

（3）长期投资视角。私募股权投资通常有较长的投资周期，期望通过长期持有获得资本增值。

（4）大额投资。私募股权投资往往涉及较大金额的资本投入，尤其是涉及成熟期企业的并购或扩张。

（5）主动管理。私募股权投资者通常会积极参与被投资企业的管理决策，提供战略指导和资源支持。

（6）多样化的退出机制。私募股权投资的退出方式多样，包括首次公开募股、并购、股权转让、管理层回购等。

（7）高风险高回报。由于投资于非上市公司，私募股权投资面临较高的风险，但相应地，成功退出时可能获得较高的回报。

（8）专业投资机构。私募股权投资通常由专业的投资基金管理，这些机构拥有专业的投资团队和评估体系。

（9）资金来源广泛。私募股权基金的资金募集渠道通常包括机构投资者、养老基金、保险基金、自然人投资者等。

（10）多种模式设计。私募股权基金包括公司制、契约制和有限合伙制，其中大多采用有限合伙制，可避免双重缴税并提高管理效率。

（11）投资策略多样。该类投资的策略包括成长资本、并购资本、重振资本、夹层资本等。

（12）对企业成长阶段的广泛覆盖。广义的私募股权投资涵盖从种子期到成熟期各个阶段的企业投资，而狭义的私募股权投资主要指对成熟企业的股权投资。

（13）重视企业价值创造。该类投资注重通过改善企业运营、扩展市场、优化管理等手段来提升企业价值。

（14）投资决策基于深入分析。私募股权投资决策通常基于对企业及其所在行业的深入财务分析、市场分析和战略分析。

167　什么是普通合伙人和有限合伙人？

在股权投资领域，普通合伙人的英文名称为 General Partner，简称 GP；有限合伙为 Limited Partner，简称 LP。两者的区别如下：

（1）普通合伙人，泛指股权投资基金的管理机构或自然人。普通合伙人负有对投资基金的管理责任，并对合伙企业债务承担无限连带责任。

（2）有限合伙人，即参与基金投资的企业或金融保险机构等机构投资者或个人投资人，或经其他合伙人一致同意依法转为有限合伙人的，被依法认定为无民事行为能力人或者限制民事行为能力人的合伙人。有限合伙人以其认缴的出资额为限对合伙企业债务承担有限责任。

168 普通合伙人在合伙制基金运作中有哪些权利?

普通合伙人在合伙制基金运作中通常享有以下权利:

(1)平等执行权。不论投资金额的高低,普通合伙人对合伙企业事务的执行都享有同等的权利。

(2)异议权。在合伙人分别执行合伙企业事务时,普通合伙人有权对其他合伙人执行的事务提出异议,并在提出异议时暂停该项事务的执行。

(3)表决权。普通合伙人在对合伙企业有关事项进行决议时都享有表决权,无论是否参与合伙企业事务的执行。

(4)经营控制权。普通合伙人在承担无限连带责任的同时,对合伙基金管理有充分的控制权,有权代表基金开展合伙事务,并签署相关法律文件。

(5)获得年度管理费。普通合伙人通常可获得其所管理的合伙基金总额一定比例的管理费,用于覆盖管理基金的日常开销。

(6)利益分成权。普通合伙人可获得基金投资利润分成的权利。

169 普通合伙人在合伙制基金运作中有哪些义务?

普通合伙人在基金运作中承担的义务通常有以下几点:

(1)出资义务。普通合伙人通常需提供占基金资本总额不低于1%的资金出资。

(2)连带清偿责任。普通合伙人代表执行合伙事务,对合伙基金所产生的债务承担连带清偿责任。

(3)信息披露。普通合伙人需要定期向有限合伙人提供基金的财务报表和相关经营情况的报告,确保信息的透明度和及时更新。

(4)特殊信义义务。普通合伙人对其他普通合伙人、有限合伙人、合伙企业等负有特殊的忠诚和谨慎义务。

(5)协议约束条款。合伙基金的合伙协议对普通合伙人通常设置若干约束条款,防止普通合伙人可能出现的谋取私利、玩忽职守等损害合伙企业行为。

(6)管理义务。普通合伙人负责基金的日常管理和运作,包括投资决策、资产配置、风险控制等。

(7)风险控制义务。普通合伙人需要确保基金运作符合风险管理的要求,并采取适当措施保护基金资产和投资者利益。

（8）合规义务。普通合伙人需要确保基金的运作遵守相关法律法规和行业标准，包括但不限于反洗钱、投资者适当性审查等。

（9）投资者关系管理。普通合伙人需要维护与有限合伙人的关系，包括定期沟通、报告业绩、回应询问等。

（10）到期退出执行。在基金到期或投资项目退出时，普通合伙人负责执行退出策略，确保投资者能够获得回报。

170　有限合伙人在合伙制基金运作中享有哪些权利？

有限合伙人在基金运作中享有的权利通常包括以下几点：

（1）投资收益权。有限合伙人有权按照合伙协议的约定，从基金的投资收益中获得分配。

（2）知情权。有限合伙人有权获取基金的财务报告和经营状况的相关信息，以便了解基金的运作情况。

（3）参与决策权。虽然有限合伙人通常不参与基金的日常管理，但有权在某些重大事项上参与决策，例如基金的解散、修改合伙协议等。

（4）监督权。有限合伙人有权监督普通合伙人的行为，确保其遵守合伙协议并履行义务。

（5）异议权。在某些情况下，如果有限合伙人认为普通合伙人的行为违反了合伙协议或不符合基金的最佳利益时，有权提出异议。

（6）退出权。根据合伙协议的条款，有限合伙人在特定条件下有权退出基金，例如在基金到期或在发生某些特定事件时。

（7）转让权。有限合伙人通常有权转让其在基金中的份额，但这种转让可能会受到合伙协议的限制。

（8）诉讼权。如果普通合伙人的行为损害了有限合伙人的利益，有限合伙人有权提起诉讼。

（9）参与分配剩余财产权。在基金清算时，有限合伙人有权按照其出资比例参与分配基金的剩余财产。

171　有限合伙人在合伙制基金运作中承担哪些义务？

有限合伙人在合伙制基金运作中承担的义务通常有以下几点：

（1）出资义务。有限合伙人的主要义务是按照合伙协议的约定向基金出资。这通常也是其唯一的财务义务。

（2）遵守合伙协议。有限合伙人需要遵守合伙协议中的条款和条件，包括出资承诺、信息披露和报告要求等。

（3）不参与日常管理。有限合伙人通常有义务不参与基金的日常管理和决策，以保持其有限责任的地位。

（4）保密义务。有限合伙人可能需要对基金的敏感信息保密，这些信息可能包括投资策略、交易细节和其他商业秘密。

（5）不竞争义务。在某些情况下，有限合伙人可能需要遵守不竞争条款，避免从事与基金竞争的活动。

（6）不招揽义务。有限合伙人可能被要求不招揽基金的员工或管理层，以维护基金的运营稳定。

（7）遵守法律法规。有限合伙人需要确保其行为符合所有适用的法律法规，如反洗钱法规、税务法规等。

（8）风险承担。虽然有限合伙人的责任是有限的，但他们仍需承担投资本身所固有的风险，包括资本损失的风险。

（9）提供必要信息。在某些情况下，有限合伙人可能需要向基金提供某些个人信息或文件，以满足监管要求或合伙协议的要求。

（10）维护基金利益。有限合伙人应避免采取任何可能损害基金利益的行动，并在必要时维护基金的合法权益。

需要注意的是，有限合伙人的义务通常是有限的，并且主要与其作为投资者的角色相关。他们的义务通常不包括对基金债务的个人责任，这是有限合伙人与普通合伙人的主要区别之一。具体的义务可能会根据合伙协议的具体条款和适用的法律而有所不同。

172 投资机构在筛选早期项目时有哪些关注重点？

投资机构在筛选早期项目时往往关注如下几个方面：

（1）创业团队。投资机构最关注的是创业者或创始团队的本身，其中以核心创始人是否有成为企业家的潜质、是否有一定的创业资源储备为重点。

（2）创业赛道。投资机构对于包括市场空间、竞争情况、技术成熟度、业务逻辑、平均毛利等在内的与创业赛道相关的要素尤其关注。

（3）产业特性。在国内大部分投资机构的出资方为地方政府或国资平台的前提下,投资机构会将项目是否与本地产业特性相契合,进而是否能落地到属地,作为筛选潜在投资标的时的一个重要考量标准。

173　容易受到资本青睐并快速拿到融资的"创业好项目"有何特点?

容易受到资本青睐并快速拿到融资的"创业好项目"应具备如下特点:

(1)行业大赛道,即创业项目所属的行业天花板较高。

(2)创业好团队,即创业团队的商业背景与技术背景具有互补性。

(3)技术高壁垒,即科技创业所涉及的相关技术在未来有高集中度的可能性。

(4)业绩快增长,即创业企业的产品可快速复制,能够通过增加资源或资本投入快速扩大规模和市场份额。

(5)股权好退出,即创业企业具备资本市场上市或并购渠道畅通特性,实现投资者快进快出的盈利目的。

174　创业团队在公司启动外源融资前需要做哪些准备?

创业团队在公司启动外源融资前需要做以下几点准备:

(1)进行风险评估。识别可能影响公司融资的风险因素,并准备相应的风险缓解策略。

(2)准备商业计划书。在正式启动融资前,创业团队可以通过着手制作一份商业计划书来判断公司是否具备对外融资的能力,如商业计划书中的内容能够思考清楚并表达准确,可认为其初步具备对外融资能力。

(3)确定融资策略。融资策略涉及融资方式的选择(如股权融资、债权融资等)、融资时间点、融资额度、谈判策略和估值让渡规划,包括可能妥协的方案。此外,应当充分考量是自行启动融资,还是聘请专业的融资财务顾问团队配合融资及制定策略。

(4)开展合规检查。确保符合相关法律法规要求,避免未来融资过程中,因存在合规风险导致的融资失败。

(5)进行内部沟通。内部团队应充分沟通融资计划和策略,确保团队成员对融资目标和策略有共识。

外源融资是一个持续的过程,可能需要 6 至 12 个月甚至更长时间。在此期间,团队需要共同参与路演、大赛、投资者会谈、尽职调查等工作。

175 如何快速找到潜在投资者?

通常,可通过以下方式快速找到潜在投资者:

(1)利用人脉网络。通过家人、朋友、同事、合作伙伴等个人关系开始或通过其介绍,因为其具有较强的信任基础,也是可能愿意投资的第一批人。

(2)利用专业服务。与专业的融资财务顾问合作也是重要的融资渠道之一。

(3)参与行业活动和路演活动。这是与潜在投资者交流的重要平台,有助于展示创始人的独特魅力和项目的市场潜力。

(4)直接联系潜在投资者。许多投资机构的官网提供了接收商业计划书的邮箱,通过邮箱邮寄资料的方式可能找到潜在投资者。

(5)接触投资机构投资过的公司。联系风险投资机构投资过的公司的首席执行官(CEO)或其他高管,请他们引荐或提供渠道信息。

(6)利用媒体吸引潜在投资者。接受公众媒体采访或通过自媒体发声,分享项目进展、行业见解等内容,展示专业能力和项目价值,吸引投资者的注意。

176 如何选择适合公司发展的投资者?

在公司发展的不同阶段,需要的投资者类型也不尽相同。

(1)公司设立前后。公司刚刚设立甚至尚未设立的时候,在选择投资者时通常以亲朋好友、个人投资者或专业孵化投资机构介绍为主。

(2)公司设立一段时间后。公司成立后的融资需要根据公司资金需求迫切度以及融资规模来选择,比如公司在成立早期有资金需求的,需要找风险投资,公司在发展中期有资金需求的,需要找私募股权投资;再比如,公司在发展后期需要有产业战略合作、大额订单获取、生产规模扩大等,则可以优先考虑战略投资者。

虽然公司在不同发展阶段的资金需求匹配性很重要,但更重要的是创始团队与投资者的价值理念是否方向一致,包括"三观"是否类似等,同频的人才可以相互助力,走得更远。

177 什么是融资财务顾问? 它有哪些工作模块?

融资财务顾问(Financial Advisor,FA),是一种专门为企业提供融资相关咨询服务的专业角色或公司。融资财务顾问通常在企业寻求外部资金支持时提供帮助,包括股权融资、债务融资或其他形式的融资,其工作主要分为承揽、承做、承销、交割 4 个部分。

（1）承揽,即通过各种渠道去接触需要融资的创业企业或创始团队,然后签订财务顾问协议,开展服务合作。

（2）承做,即为需融资企业整理融资资料,包括融资计划书、建立财务模型、可以支持估值的数据等,主要是确定企业的竞争优势及未来成长空间。

（3）承销,即为需融资企业对接合适的投资机构,协助企业与投资机构沟通,帮助企业完成融资。

（4）交割,即协助企业与投资机构完成协商谈判、协议签署等达成交易的必要措施。

178　融资财务顾问的具体工作流程有哪些?

融资财务顾问的具体工作流程可能包括以下几个方面:

（1）开展市场调研。帮助企业了解当前资本市场的状况,包括潜在投资者的行为和市场趋势。

（2）制定融资策略。制定适合企业发展和融资的策略,包括确定融资的规模、形式、结构和时间点等。

（3）制作商业计划书。协助企业准备和完善商业计划书,突出企业的优势和投资亮点。

（4）匹配合适投资者。根据企业的特点和需求,匹配合适的潜在投资者或投资机构。

（5）开展谈判协调。在企业与投资者之间进行沟通和协调,帮助双方达成一致。

（6）设计交易结构。设计合理的投资交易结构,确保企业的长期发展和投资者的回报。

（7）协助尽职调查。协助企业完成投资者要求的尽职调查,包括财务、法律、运营、知识产权等方面的调查。

（8）协商投资条款。就投资条款与投资者进行协商,保护与争取企业的最大权益。

（9）帮助交割执行。帮助企业完成融资过程中的各种手续和文件工作。

（10）进行投后管理。融资完成后，可能还会提供一定程度的投后管理咨询服务。

179 融资财务顾问是如何收费的?

融资财务顾问通常以融资成功后实际到账金额的一定比例（通常为3％—5％）收取顾问服务费用，他们的专业知识和经验可以帮助企业更高效地推进融资过程，为企业和潜在投资者之间建立信任和沟通的桥梁。

180 如何鉴别融资财务顾问的基本情况?

融资财务顾问的基本情况可通过以下方式鉴别：
（1）查询工商登记信息，了解融资财务顾问机构或团队的成立时间。
（2）与融资财务顾问机构的负责人交流，了解其成功案例，根据案例细节判断真实性。
（3）要求融资财务顾问提供承做具体项目的人员名单、每位成员的背景及工作经验、承做的分工、后续承做人员发生变动的应对方法等。
（4）要求融资财务顾问机构的负责人分享尽职调查、交割等环节经验。
（5）在交流过程中，了解融资财务顾问机构化解复杂融资情况的能力。
（6）分析融资财务顾问机构能否针对复杂的投资条款制订清晰的谈判策略，是否会站在创始人的角度维护公司的利益。

181 如何考查融资财务顾问的专业能力?

对融资财务顾问的专业能力可通过以下几个方面进行考查：
（1）了解机构或具体执行团队对项目公司所在的行业，以及所从事业务的理解和熟悉程度。
（2）了解机构或具体执行团队考核融资财务顾问对相关领域潜在投资者的业务覆盖全面性。
（3）考核融资财务顾问对整个项目融资过程的管理方法以及对项目的重视程度。

182 初创科技企业商业计划书包含哪些内容?

商业计划书（Business Plan，BP）是为达成商业目的而制定的企业发展与

实施计划书,与学术报告有本质的区别。好的商业计划书就是自上而下展示创业能力和表述清晰有逻辑的商业计划,其内容通常有:

(1) 投资亮点。提炼项目亮点,大幅度提升投资者看商业计划书的兴趣。

(2) 团队介绍。对于早期项目来说,投资者尤其关心团队情况,包括全职团队情况、已到岗团队和计划到岗团队情况等。

(3) 项目概况。讲清楚究竟在做什么,从事什么行业领域、做什么产品或提供什么服务,增强潜在投资者对市场痛点和项目机会的了解。

(4) 市场规模。描述清楚在哪个具体细分行业,该行业有多大的增速及驱动增长的原因。

(5) 痛点分析。分析行业普遍痛点,市场上原有的解决方案在哪些方面还没有解决好。

(6) 商业模式。简洁明了地展示公司商业模式,如公司或者产品靠什么挣钱、怎么挣钱等。

(7) 竞争格局。分析市场上有哪些竞争对手、差异点有什么、项目突出的优势是什么。

(8) 运营现状。描述目前项目进展情况,取得了哪些成绩,如研发、小试、中试、产业化等进展,以及客户验证情况、市场订单现状或预期订单等。

(9) 未来计划。分析企业愿景和使命,描述具体的下一步准备做哪些事、业务成长到什么规模、技术迭代到什么程度等。

(10) 融资计划。分析需要融多少钱、用在什么地方、这笔钱可以将项目推进到什么阶段、公司估值多少、以什么逻辑评价的估值、下一步融资计划如何打算等。

(11) 退出计划。以商业计划和未来财务预测为依据,清晰地向潜在投资者展示可能性的退出路径,包括预计的时间、方式等。

(12) 风险披露。任何阶段的企业都存在风险,需要清楚地认知企业在本阶段下可能会遇到的当前风险及未来风险,以及企业面临风险时的解决方案。

(13) 附录。附录涉及技术路径、企业荣誉及其他需要补充的内容。切忌在商业计划书的主框架内过于细化地解析技术路线等内容,需要进一步说明的可以放在附录里。

183　如何在短时间之内向投资者介绍自己的创业项目?

面对潜在投资者时,需要能用一句话讲清楚自己的项目亮点,用 3 至 5 句话概述项目内容。

投资行业通常将这类项目介绍定义为"电梯演讲",在极短的时间内概述清楚项目的亮点和价值主张,因为投资机构投的是项目增值的钱。

初创期企业,商业模式即使是"纸上谈兵"也要谈清楚,如果没有数据和单位经济模型的验证作为支撑,那就得先把模式讲清楚,讲不清楚很难实现融资。

投资者不仅在寻找一个好的项目,也在寻找一个可靠的团队。因此,在介绍创业项目时展示热情、信服力和专业性同样重要。

184 创业者应该先融资,还是先把产品应用到市场上再进行融资?

最好是思路和操作同步进行,但这只是一种设定,现实中很少出现这样的情况。因此,对于不同阶段的融资,有不同的策略。一般来说,种子轮和天使轮的融资可以先行,因为这个阶段的潜在投资者对于初创企业产品的盈利能力要求不高。

但是进入 X 轮融资的阶段,特别是私募股权投资的介入,就会非常看重产品、客户数量、大客户贡献度,以及创业企业的盈利能力。这时,如果创业企业没有好的数据或者漂亮的盈利,就很难得到投资者的青睐。

185 创业者如何预估企业所需要的融资金额?

融资金额的确定一般是根据公司达到下一个关键里程碑需要的资金量来确定,包括研发、设备购买、运营、人力成本等。这个资金量加上适当的余量就可以作为本轮的融资需求金额。其中适当的余量一般为公司未来不计算(或极其悲观计算)收入的前提下,维持 18 个月基本运营所需要的资金量。

如果判断未来几年资本市场会变差,可以适当增加融资金额。

186 创业企业的融资节奏如何把控?

融资节奏的把控对于一家企业,尤其是初创企业来说至关重要,它涉及资金的合理分配、公司估值的增长以及团队的士气等多方面。一些把控融资节奏的关键点如下:

(1)明确融资目标。在融资前,需要明确融资的目的,包括所需资金的用途、预期达成的里程碑以及资金能够支持的运营时间。

(2)市场环境考量。考虑宏观经济环境和资本市场的热度,市场好时可以更快一些,市场不佳时可能需要延长融资周期(目前市场单笔融资交割周期以6至8个月为单位)。

(3)企业发展阶段。根据发展阶段来决定融资的规模和速度,早期项目可以采取"小步快跑"的方式融资。

(4)估值管理。合理控制估值预期,避免因估值过高而影响后续融资或退出。

(5)风险管理。在融资时考虑各种风险因素,包括资金链断裂的风险、市场变化的风险等,并根据风险考量是否增加融资额度。此外,企业应在有足够的运营资金时启动融资,避免因为资金短缺而被迫以不利条件融资。

(6)里程碑规划。设定清晰的业务里程碑,并围绕这些里程碑来规划融资节奏。

(7)长期视角。从长期发展的角度出发,考虑每一轮融资对企业未来发展的影响。

(8)专业顾问。考虑聘请"科技投行"来帮助把控融资节奏,他们可以提供专业的建议和市场信息。

187　投资者会从哪些方面对早期科技项目进行判断?

首先,如果是早期创业项目,投资者首先会重点关注创始团队本身、过往的经历和背景、团队的基因是否和项目方向匹配、创始人是否有成为企业家的特征和潜力、核心团队对于创业方向的目标及理解、团队彼此的信任关系等。创始团队的逻辑能力、情商以及逆商等也会是考量点。

其次,投资者也会重点关注创业项目所在赛道的市场空间及未来格局,关注的不单是大赛道层面,他们会尽可能分析项目所处的细分赛道。

再次,投资者会关注项目的产品或解决方案是否解决了客户的痛点问题,是否有客户愿为此买单,能否体现产品或解决方案的商业价值。

最后,基于科技型创业项目,投资者还会关注知识产权的历史沿革问题。如果是具有一定规模的项目,投资者则会把注意点侧重于财务表现及合规等。

188　投资者常问的市场规模是什么?

投资者关心的市场规模,是该项目"所能触及的细分市场体量",而不是这个大类下总的市场体量。比如中国餐饮行业有3万多亿市场规模,可创业开个餐馆显然不能说"市场规模上万亿"(实际上过半数的创业者都会犯这个错误,没有计算细分市场,更没有计算可触及的市场),餐馆是高端还是低端?是中餐还是西餐?……显然每个分类下的市场规模是不一样的。市场上有不少科技型创业者也犯了类似的问题,例如做新能源产品的动辄"万亿市场",做新药研发的动辄"目标用户数亿",这是没有想过自己到底要进入什么市场、自己的战场到底在哪里的典型案例。

同时,投资者也会重点关注项目所在的细分市场增长驱动力是什么,包括未来的增长预判、要素构成等。

189　投资机构的标准投资流程和步骤有哪些?

投资机构的标准投资流程和步骤主要包含以下方面:

(1) 赛道调查。以赛道为轴线,接触多家公司并选定目标公司,或由科技投行或融资财务顾问推荐。

(2) 项目初筛。对赛道里的投资机会,包括行业、市场、竞争态势等,事先进行评估。

(3) 内部立项。经过初筛之后的项目,投资机构通常会根据投资计划进行内部立项。立项周期为期数周甚至数月时间,复杂项目甚至会达到 2 年之久。

(4) 项目访谈。组织公司创始团队、高管团队及上下游企业等进行项目访谈。

(5) 首次谈判。主要就核心条款、报价等进行谈判,并签署投资意向书。

(6) 尽职调查。对于经立项并评估后的拟投资企业,投资机构将进入尽职调查程序,其内容包括企业的业务、财务、法务、知识产权等。

(7) 投决会投票。项目投资负责人基于业务尽调、财务尽调、法务尽调、知识产权尽调及投资意向书核心内容等形成投资意见书,提交机构投资决策委员会(简称"投决会")投票。在投资决策委员会会议上,多由项目投资负责人进行项目路演,亦有部分投资机构会邀请项目创始人进行投决会路演。

(8) 二次谈判。根据投决会反馈意见,与项目方就投资决策、条件、价格、额度等进行谈判。

(9) 交易交割。执行投资事件,签署增资协议、股东协议、章程等交易文件,递交基金托管行进行项目资金划转。

(10) 投后管理。投资完成后,对被投资企业进行持续跟踪和管理,包括财务监管、战略指导、资源对接等增值服务,其核心目的是最大可能地帮助被投资企业成长,保证投资资金的安全和获得回报。

(11)退出。获利并退出是投资过程的最后环节,主要退出机制包括出售老股、兼并收购、上市、股东回购等。

190 在投资流程中创始团队必须关注的阶段有哪些?

在投资流程,创始团队必须关注的阶段包括:

(1)签署保密协议。签署保密协议原则上可以披露产品形态、技术优势、项目阶段,以及一些初步的业务数字和财务数字。

(2)签署投资意向书。签署投资意向书意味着核心条款已基本达成了共识,但是投资意向书上有法律效力的只有保密和排他两个条款。投融双方都是有机会修改核心条款的,包括投资方亦可以否决投资。但在实践操作中,如果创业者修改了投资意向书里的核心条款,就极其容易让投资机构认为其出尔反尔、缺乏诚信,很大程度上会导致机构投决会直接否决项目。在签署投资意向书之后,可以开放详细的业务数字和财务数字供项目投资负责人启动尽调工作和形成完整的投资建议书。

(3)签订股东协议。签订正式的股东协议是一个双方博弈的过程,要注意的是在这一阶段,创业者已经离成功融资很近了,但也只是很近。虽然股东协议有法律效力,也会明示违约责任,但在动辄几百万、上千万,甚至过亿的投资款面前,投资机构每一秒都在精打细算,随时都有变化的可能。

191 融资过程中哪些方面是比较容易出问题但容易被创业者忽视的?

在融资过程中,有几个关键点可能会出现问题且容易被创业者忽视:

(1)准备不足。创业团队若准备不足,会对融资流程不熟悉,缺乏相关经验和技能,导致融资效率低下。

(2)尽职调查。创业团队未充分准备必要的尽职调查文件,会导致过程耗时过长或出现变化。

(3)法律风险。创业团队对相关法律法规缺乏了解,包括未对兼职备案、知识产权权属、无形资产出资等进行风险排除。

(4)估值协商。创业团队需要对市场和自身价值有准确判断,避免因估值不切实际错失融资机会。

（5）条款谈判。创业团队缺乏谈判能力，并对投资条款理解不足，可能会导致签订不利条款。

（6）投资者背景。过分关注资金而忽略了投资者的背景和投资理念，与不合适的投资者合作可能会带来后续的管理和战略上的冲突。

（7）沟通不充分。与投资者沟通不充分或不及时，会导致误解和信任问题，影响融资进程。

（8）过分依赖。过分依赖某一种融资方式或某个投资者，可能会增加融资风险。

（9）忽视变化。市场环境和竞争态势的变化可能会影响融资效果，创业团队需要及时调整策略以应对变化。

（10）忽视品牌和公关。未能有效利用品牌和公关策略来提升企业形象，吸引投资者注意。

（11）退出机制不明确。融资计划中未明确退出机制，基金投资需要有明确的退出期限。

192　公共关系在初创企业中的作用?

公共关系(Public Relations，PR)是一个多维度、多目标的领域，它不仅涉及传播和沟通，还包括战略规划、声誉管理、事件策划和执行等多个方面。有效的公共关系管理可以为企业带来长远的正面影响。公共关系有如下作用：

（1）给潜在投资者看，获得关注。

（2）给潜在客户看，辅助业务发展。

（3）输出企业文化，吸引人才。

（4）打造企业或核心人物影响力。

193　同样的项目在发达地区是否更容易获得融资?

同样的项目在发达地区是否更容易获得融资，是一个概率问题，但不能作为可以参照的标准来进行定论。

创业项目的质量以及创业者本身的素质和项目造血能力是判断能否成功融资的核心要素，任何事情的判断基础都要回归"评判本质"。

此外，创业者需要认识到的一个真相是：发达地区（如北上广深地区）的创业要求其实更高，北上深广的投资者大部分也都是经验丰富的高手，其眼界、经验和审视项目的眼光更犀利,也更为严格。

194 什么样的企业更具有成为未来"独角兽"的潜质?

根据美国风险投资家李艾琳(Aileen Lee)给出的定义,"独角兽"企业是指估值达到或超过 10 亿美元的未上市创业公司。这些企业通常具有一些共同的特质,使它们能够快速成长并在市场中占据领导地位。有可能成为未来"独角兽"的企业通常具有以下特质:

(1)强大的创始团队。拥有远见卓识、丰富经验、优秀领导力和强烈执行力的创始团队。

(2)巨大的市场潜力。企业所在的市场具有庞大的规模和快速增长的潜力。

(3)坚实的技术壁垒。具有颠覆性技术,能够改变现有市场格局或创造全新的市场,并难以被竞争对手模仿或超越。

(4)清晰的盈利模式。拥有清晰的盈利模式和强大的现金流。

(5)坚实的合作伙伴关系。与关键的行业参与者或上下游建立了坚实的战略合作伙伴关系。

(6)快速的业绩增长。能够展现出快速的客户增长、收入增长和市场占有率扩张。

(7)良好的客户口碑。提供的产品或服务能够获得用户的高度认可和推荐。

(8)优秀的企业文化。拥有积极、创新、包容的企业文化,能够吸引和保留人才。

(9)有效的资本运作。能够在不同发展阶段进行合理的资本配置。

(10)国际化团队能力。具有国际化的视野和扩展全球市场的能力。

(11)可持续发展战略。注重社会责任和可持续发展,具有良好的公众形象。

(12)优秀的财务管理。具有健康的财务状况和明智的财务规划。

(13)严格的风险管理。具备良好的风险管理和危机应对能力。

这些特质并不是孤立的,它们相互关联并共同作用,推动企业快速成长。然而,即使具备了这些特质,企业也需要在不断变化的市场环境中持续创新和适应,才能最终成为"独角兽"。

195 股份购买协议通常包含哪些内容?

投资人常说的"SPA(Share Purchase Agreement)"是指股份购买协议,也被称作增资协议或投资协议。它是一份正式的法律文件,用于详细规定投资者与公司之间的股份购买或增资交易的条款和条件。

股份购买协议的具体内容可能会根据投资的性质、投资方的要求、被投资企业的情况以及所在地区的法律法规等因素有所不同。完整的股份购买协议通常包含以下内容:

(1) 投资金额及比例。明确投资者的投资总额、购买的股份数量,以及这些股份在公司稀释后的总股本中所占的比例。同时,指出投资者获得股份的方式,如普通股、优先股或可转换债券等。

(2) 购买价格。描述投资者购买每股股份的价格。

(3) 交割条件。交割条件是约定投资者和被投资企业完成最终交易的条款,包括先决条件和投后义务等。

(4) 交割日期。交割日期一般指投资者通过工商登记,正式成为被投资企业股东的日期。

(5) 估值调整条款。估值调整条款,又称为对赌条款,即约定在特定情形下,如被投资企业未达到预定业绩,将如何调整项目估值及补偿措施。

(6) 一般条款。一般条款包括投资者的权利条款和被投资企业的约束性条款。

(7) 肯定和否定条款。肯定条款指被投资企业管理层应从事的行为,否定条款则涉及禁止的行为。

(8) 财务报表。企业需定期向投资者提交财务报表,包括经审计的年度、季度财务报表。

(9) 预算。被投资企业应准备并遵守经董事会及投资者同意的年度预算。

(10) 财产存续与保全。管理层需保证企业的持续经营和财产的完整性。

(11) 保险。企业应购买足够保险以保护核心资产和人员。

(12) 遵守法律与协议。企业必须遵守适用的法律并履行协议义务。

(13) 披露。投资者应被告知任何可能影响企业运营的事件、诉讼或未履行的主要协议。

(14) 知识产权保护。企业应采取措施保护其知识产权。

（15）资金使用。企业需按约定用途使用投资者提供的资金。

（16）法律适用与争议解决。确定争议解决的法律依据和解决方式，如仲裁或诉讼。

（17）其他特殊条款。根据具体交易的需要，可能还会有其他特定的条款，如优先购买权、共同出售权、优先认购权、领售权等。

在签订协议之前，双方应进行详细的尽职调查，并可能需要法律顾问的协助以确保协议的合法性和可执行性。

196　股东协议通常包含哪些内容?

股东协议是股东之间就公司治理、股东权利和义务等事项达成的正式书面协议。一份典型的股东协议可能包含以下内容:

（1）定义和术语。对协议中使用的专业术语和定义进行明确。

（2）股份转让限制。规定股东在特定情况下转让股份的条件和限制。

（3）优先购买权。当股东计划出售股份时，其他股东或公司有优先购买该股份的权利。

（4）随售权。股东在特定情况下有权跟随主要股东出售股份，或以相同的条件出售自己的股份。

（5）表决权。股东在公司决策中的投票权，包括特定事项的表决权。

（6）股息政策。股息政策主要涉及公司股息支付的条件、时间和比例的规定。

（7）公司治理结构。公司治理结构主要包括董事会组成、董事任命和罢免程序等。

（8）信息权和审计权。信息权和审计权指股东获取公司财务和运营信息的权利，以及进行审计的权利。

（9）决策事项的门槛。需要确定特定重大事项需要多少比例的股东同意才能通过。

（10）股东会议。需要规定股东会议的召开频率、通知程序和议事规则。

（11）董事会决策。董事会的决策机制包括需要多少董事同意等。

（12）管理层的职责和权力。需要对公司管理层的职责和权力进行界定。

（13）股权稀释保护。确定在公司发行新股时，对现有股东的权益保护措施。

（14）最优惠待遇。确保股东在后续融资中享有的待遇不低于任何其他股东。

（15）竞业禁止和保密协议。股东在特定情况下不得从事与公司竞争的业务，并对公司信息保密。

（16）争议解决机制。需要确定解决股东之间或股东与公司之间争议的程序和方法。

（17）退出机制。需要确定股东退出公司的条件、程序和方式。

（18）违约和赔偿。确定违反股东协议的后果和赔偿责任。

（19）适用法律和管辖权。确定协议适用的法律和争议解决的管辖权。

（20）协议的修改和终止。确定对股东协议修改和终止的条件和程序。

（21）其他特殊条款。根据公司具体情况和股东需求制定其他特殊条款。

197 投资对赌协议有哪些特点？

投资对赌协议通常被称为"估值调整机制"（Valuation Adjustment Mechanism，VAM)或"对赌条款"（Earn-out Clause)，是在私募股权、风险投资或其他形式的融资中常见的内容。这种协议或条款主要用于解决投资方和被投资企业在估值上的分歧。投资对赌协议的主要特点有：

（1）未来业绩挂钩。对赌协议通常将投资款的支付与企业未来一段时间内的业绩挂钩。如果达到或超过预定的业绩目标，投资方可能会支付额外的款项；如果未达到，则可能减少支付或调整股权结构。

（2）估值调整。如果被投资企业的业绩在特定时间内未达到预期，投资方可以根据协议调整其在企业中的股权比例，以反映企业的实际价值。

（3）风险和回报的平衡。对赌协议旨在平衡投资方和被投资企业的利益，确保投资方不会因为过高的估值而承担不公平的风险。

（4）业绩指标。协议中会明确业绩指标，如收入、利润、市场份额、用户增长等，这些指标将作为评估企业业绩的基础。

（5）期限限制。对赌协议通常设定一个特定的期限，如 1 至 3 年，并在这个期限内评估企业的业绩。

（6）法律约束力。作为一种正式的合同条款，对赌协议具有法律约束力，要求双方必须遵守。

（7）退出机制。对赌协议可能包含特定的退出机制，如业绩未达标时，投资方有权要求被投资企业或创始团队回购其股份。

（8）灵活性。对赌协议的具体条款可根据双方的谈判结果和企业的具体情况进行调整。

198　投资对赌协议的应用场景和注意事项分别有哪些?

投资对赌协议是一种灵活的工具，可以帮助投资方和被投资企业在不确定的市场环境中达成合作，但也需要谨慎设计和执行，以确保双方的权益得到保护。

（1）投资对赌的主要应用场景有：①初创企业或成长型企业在寻求融资时，可能因为缺乏历史业绩数据而难以准确估值，对赌协议可以作为一种解决方案；②在并购交易中，买方可能使用对赌协议来减少因信息不对称而产生的风险。

（2）合作各方签署对赌协议需要注意：①对赌协议的设计需要公平合理，避免给任何一方带来不合理的风险；②协议中的业绩指标应具体、可量化，且与企业的实际运营紧密相关；③法律和税务影响需要在设计对赌协议时予以考虑。

对赌协议的主体主要分为投资方、创始团队或实际控制人、目标企业股东、目标企业管理层、目标企业。

199　投资对赌协议的主要内容有哪些?

投资对赌协议的设计需要平衡投资方的风险和融资方的发展空间，同时确保合法合规。以下为对赌协议可能会涉及的内容和主要条款：

（1）财务业绩目标。这是最常见的对赌内容，要求目标企业在特定时间内达到一定的财务指标，如净利润、营业收入等。

（2）非财务业绩目标。除了财务指标外，对赌协议也可能涉及非财务指标，比如市场份额、用户增长、产品开发进度等。

（3）估值调整机制。如果目标企业未能达到预定的业绩目标，将触发估值调整，可能涉及股权比例的重新分配或现金补偿。

（4）股权回购条款。投资方可能会要求在未能达到业绩目标或其他特定条件下，由目标企业或其创始团队、实际控制人回购投资方的股份。

（5）现金补偿条款。与股权回购相对应，投资方也可能要求现金补偿作为未能达到业绩目标的补救措施。

（6）关联交易限制条款。对赌协议中可能包含限制目标企业进行特定关联交易的条款，以保护投资方的利益。

（7）债权和债务条款。明确目标企业在对赌协议期间的债务和债权情况，以及如何处理这些财务关系。

（8）管理权条款。投资方可能要求对目标企业的管理层有一定的影响力或控制权，尤其是在业绩未达标时，明确管理权。

（9）领售条款。投资方可能拥有强制目标企业原有股东一起出售股份的权利。

（10）上市时间或符合上市申报条件。上市不仅是目标企业业绩的保证，也同时保证了投资方的顺利退出，一般还包括目标企业被上市公司收购等。

200 在投资事件中影响股权回购价格的因素有哪些?

股权回购价格的约定是股权回购协议中的核心条款之一，通常由投资方和目标企业或其股东根据多种因素协商确定。以下是一些常见的考虑因素和计算方法：

（1）原始投资金额。回购价格通常会基于投资方原始投入的资金金额。

（2）固定收益率。在回购价格中可能会包含一个固定或浮动的收益率，以补偿投资方的资金成本和投资回报。

（3）时间因素。投资方持有股权的时间长度可能会影响回购价格，时间越长，回购价格可能越高。

（4）业绩目标。如果目标企业达到或超过特定的业绩目标，回购价格可能会进行相应的调整。

（5）市场条件。市场状况和目标企业的市场表现也可能影响回购价格的确定。

（6）第三方评估。在一些情况下，回购价格会基于第三方独立评估机构对目标企业价值的评估。

（7）优先清算权。如果投资方持有的是优先股，其回购价格可能包括优先清算权的条款。

（8）分红回报。投资方在持有期间获得的分红可能会从回购价格中扣除。

（9）合同条款。回购价格的确定还可能受到投资协议中其他条款的影响，如最优惠待遇条款、领售权条款等。

（10）协商和谈判。最终的回购价格是双方协商和谈判的结果，可能还会涉及法律顾问的专业意见。

附　录

相关法规政策名录

[1]《中华人民共和国合伙企业法》,2006 年 8 月 27 日第十届全国人民代表大会常务委员会第二十三次会议修订,自 2007 年 6 月 1 日起施行。

[2]《中华人民共和国促进科技成果转化法》,2015 年 8 月 29 日第十二届全国人民代表大会常务委员会第十六次会议修正,自 2015 年 10 月 1 日起施行。

[3]《中华人民共和国反不正当竞争法》,2019 年 4 月 23 日第十三届全国人民代表大会常务委员会第十次会议修正,自 2019 年 4 月 23 日起施行。

[4]《中华人民共和国民法典》,2020 年 5 月 28 日第十三届全国人民代表大会第三次会议通过,自 2021 年 1 月 1 日起施行。

[5]《中华人民共和国专利法》,2020 年 10 月 17 日第十三届全国人民代表大会常务委员会第二十二次会议第四次修正,自 2021 年 6 月 1 日起施行。

[6]《中华人民共和国科学技术进步法》,2021 年 12 月 24 日第十三届全国人民代表大会常务委员会第三十二次会议修正,自 2022 年 1 月 1 日起施行。

[7]《中华人民共和国公司法》,2023 年 12 月 29 日第十四届全国人民代表大会常务委员会第七次会议修订,自 2024 年 7 月 1 日起施行。

[8]《最高人民法院关于审理技术合同纠纷案件适用法律若干问题的解释》,2020 年 12 月 23 日最高人民法院审判委员会第 1823 次会议修正,自 2021 年 1 月 1 日起施行。

[9] 中共中央组织部《关于安排和组织好离休、退休、退职党员组织生活的通知》(中组发〔1981〕17 号),自 1981 年 7 月 30 日起施行。

[10] 中共中央、国务院《关于严禁党政机关和党政干部经商、办企业的决定》(中发〔1984〕27 号),自 1984 年 12 月 3 日起施行。

[11]《关于改进和完善高校、科研院所领导人员兼职管理有关问题的问答》(中共中央组织部总 2855 号),自 2016 年起施行。

[12] 中共中央办公厅、国务院办公厅《印发〈关于实行以增加知识价值为导向分配政策的若干意见〉》(厅字〔2016〕35 号),自 2016 年 11 月起施行。

[13] 国务院《民办非企业单位登记管理暂行条例》(国务院令第 251 号),1998 年 9 月 25 日国务院第 8 次常务会议通过,自 1998 年 10 月 25 日起施行。

[14] 国务院《事业单位人事管理条例》(国务院令第 652 号),2014 年 2 月 26 日国务院第 40 次常务会议通过,自 2014 年 7 月 1 日起施行。

[15]《中华人民共和国企业所得税法实施条例》(国务院令第 714 号),2019 年 4 月 23 日修订,自 2019 年 4 月 23 日起施行。

［16］《中华人民共和国技术进出口管理条例》(国务院令第 732 号)，2020 年 11 月 29 日修订，自 2020 年 11 月 29 日起施行。

［17］《中华人民共和国专利法实施细则》(国务院令第 769 号)，2023 年 12 月 11 日修订，自 2024 年 1 月 20 日起施行。

［18］《上海市促进科技成果转化条例》，2017 年 4 月 20 日上海市第十四届人民代表大会常务委员会第三十七次会议通过，自 2017 年 6 月 1 日起施行。

［19］《上海市科学技术进步条例》，2024 年 5 月 10 日上海市第十六届人民代表大会常务委员会第十三次会议修订，自 2024 年 6 月 1 日起施行。

［20］国务院《关于印发实施〈中华人民共和国促进科技成果转化法〉若干规定的通知》(国发〔2016〕16 号)，自 2016 年 2 月 26 日起施行。

［21］国务院《关于印发〈国家技术转移体系建设方案〉的通知》(国发〔2017〕44 号)，自 2017 年 9 月 15 日起施行。

［22］国务院办公厅《关于加强三级公立医院绩效考核工作的意见》(国办发〔2019〕4 号)，自 2019 年 1 月 16 日起施行。

［23］国务院办公厅《关于完善科技成果评价机制的指导意见》(国办发〔2021〕26 号)，自 2021 年 7 月 16 日起施行。

［24］财政部《事业单位国有资产管理暂行办法》(财政部令第 100 号)，2019 年 3 月 29 日修改，自 2019 年 3 月 29 日起施行。

［25］科技部、财政部、国家税务总局《关于印发〈技术合同认定登记管理办法〉的通知》(国科发政字〔2000〕063 号)，自 2000 年 2 月 16 日起施行。

［26］教育部《关于积极发展、规范管理高校科技产业的指导意见》(教技发〔2005〕2 号)，自 2005 年 10 月 22 日起施行。

［27］人事部、全国博士后管理委员会《关于印发〈博士后管理工作规定〉的通知》(国人部发〔2006〕149 号)，自 2007 年 1 月 1 日起施行。

［28］财政部、国家税务总局《关于居民企业技术转让有关企业所得税政策问题的通知》(财税〔2010〕111 号)，自 2008 年 1 月 1 日起施行。

［29］财政部、国家税务总局《关于非货币性资产投资企业所得税政策问题的通知》(财税〔2014〕116 号)，自 2014 年 1 月 1 日起施行。

［30］财政部、国家税务总局《关于全面推开营业税改征增值税试点的通知》(财税〔2016〕36 号)，自 2016 年 5 月 1 日起施行。

［31］财政部、国家税务总局《关于完善股权激励和技术入股有关所得税政策的通知》(财税〔2016〕101 号)，自 2016 年 9 月 1 日起施行。

［32］国家卫生计生委(2018 年改为国家卫生健康委员会)、科技部、国家食品药品监督管理总局等《关于加强卫生与健康科技成果转移转化工作的指导意见》(国卫科教发〔2016〕51 号)，自 2016 年 9 月 30 日起施行。

［33］人力资源社会保障部《关于支持和鼓励事业单位专业技术人员创新创业的指导意见》(人社部规〔2017〕4 号)，自 2017 年 3 月 10 日起施行。

［34］财政部、税务总局、科技部《关于科技人员取得职务科技成果转化现金奖励有关个人所得税政策的通知》(财税〔2018〕58 号)，自 2018 年 7 月 1 日起施行。

［35］财政部、税务总局、科技部、国资委《关于转制科研院所科技人员取得职务科技成果转

化现金奖励有关个人所得税政策的通知》(财税〔2018〕60 号),自 2018 年 7 月 1 日起施行。

[36] 《科技部 财政部 税务总局关于科技人员取得职务科技成果转化现金奖励信息公示办法的通知》(国科发政〔2018〕103 号),自 2018 年 7 月 26 日起施行。

[37] 财政部《关于印发〈政府会计制度——行政事业单位会计科目和报表〉的通知》(财会〔2017〕25 号),自 2019 年 1 月 1 日起施行。

[38] 财政部《关于印发〈政府会计准则制度解释第 1 号〉的通知》(财会〔2019〕13 号),自 2019 年 1 月 1 日起施行。

[39] 人力资源社会保障部《关于进一步支持和鼓励事业单位科研人员创新创业的指导意见》(人社部发〔2019〕137 号),自 2019 年 12 月 27 日起施行。

[40] 财政部《关于进一步加大授权力度 促进科技成果转化的通知》(财资〔2019〕57 号),自 2019 年 9 月 23 日起施行。

[41] 教育部、国家知识产权局、科技部《关于提升高等学校专利质量促进转化运用的若干意见》(教科技〔2020〕1 号),自 2020 年 2 月 3 日起施行。

[42] 科技部等 9 部门《印发〈赋予科研人员职务科技成果所有权或长期使用权试点实施方案〉的通知》(国科发区〔2020〕128 号),自 2020 年 5 月 9 日起施行。

[43] 人力资源社会保障部、财政部、科技部《关于事业单位科研人员职务科技成果转化现金奖励纳入绩效工资管理有关问题的通知》(人社部发〔2021〕14 号),自 2021 年 2 月 8 日起施行。

[44] 教育部《关于加强直属高校所属企业国有资产管理的意见》(教财〔2021〕4 号),自 2021 年 7 月 5 日起施行。

[45] 财政部、税务总局《关于企业投入基础研究税收优惠政策的公告》(财政部、税务总局公告 2022 年第 32 号),自 2022 年 1 月 1 日起施行。

[46] 科技部《关于印发〈“十四五”技术要素市场专项规划〉的通知》(国科发区〔2022〕263 号),自 2022 年 9 月 30 日起施行。

[47] 教育部办公厅《关于印发〈促进高等学校科技成果转移转化行动计划〉的通知》(教技厅函〔2016〕115 号),自 2016 年 10 月 13 日起施行。

[48] 市场监管总局《关于印发〈市场主体登记文书规范〉〈市场主体登记提交材料规范〉的通知》(国市监注发〔2022〕24 号),自 2022 年 2 月 28 日起施行。

[49] 商务部、科技部《关于公布〈中国禁止出口限制出口技术目录〉的公告》(商务部、科技部公告 2023 年第 57 号),自 2023 年 12 月 21 日起施行。

[50] 上海市委办公厅、市政府办公厅《关于进一步深化科技体制机制改革增强科技创新中心策源能力的意见》(沪委办发〔2019〕78 号),自 2019 年 3 月 20 日起施行。

[51] 上海市财政局《关于进一步加大简政放权力度促进市级事业单位国有资产管理工作的通知》(沪财资〔2019〕16 号),自 2019 年 12 月 1 日起施行。

[52] 上海市科学技术委员会、上海市财政局《关于印发〈上海市科技创新券管理办法〉的通知》,自 2023 年 1 月 1 日起施行,有效期至 2027 年 12 月 31 日。

[53] 上海市人民政府办公厅《印发〈关于本市进一步放权松绑激发科技创新活力的若干意见〉的通知》(沪府办规〔2023〕10 号),自 2023 年 4 月 20 日起施行,有效期至 2028 年 4 月 19 日。

［54］上海市科学技术委员会、上海市卫生健康委员会等《关于印发〈上海市促进医疗卫生机构科技成果转化操作细则（试行）〉的通知》（沪科规〔2022〕8 号），自 2022 年 12 月 17 日起施行，有效期至 2024 年 12 月 16 日。

［55］上海市科学技术委员会、上海市发展和改革委员会等《关于印发〈上海市重点领域（科技创新类）"十四五"紧缺人才开发目录〉的通知》（沪科合〔2021〕15 号），自 2021 年 9 月 1 日起施行。

［56］《上海市科学技术委员会关于进一步加强技术合同认定登记工作的通知》（沪科〔2023〕184 号），自 2023 年 7 月 11 日起施行。

［57］上海市科学技术委员会、上海市教育委员会等 7 部门《关于印发〈上海市科技成果转化创新改革试点实施方案〉的通知》（沪科规〔2023〕9 号），自 2023 年 7 月 31 日起施行。

［58］上海市科学技术委员会、国家税务总局上海市税务局《关于印发〈上海市企业投入基础研究合同登记操作指引（试行）〉的通知》（沪科规〔2023〕16 号），自 2024 年 1 月 1 日起施行，有效期至 2025 年 12 月 31 日。

［59］国家知识产权局、教育部、科技部等《关于印发〈高校和科研机构存量专利盘活工作方案〉的通知》（国知发运字〔2024〕5 号），2024 年 1 月 26 日印发。

后　记

AFTERWORD

本书在上海市科学技术委员会、上海市教育委员会指导下，由上海市高校科技发展中心组织，并征求技术转移领域相关专家意见编著而成。编委会以促进上海市科技成果转化为主旨，通过问答形式，提供了 200 条与科技成果转化和科技创业活动紧密相关的实践建议。本书共 15 节，包含科技成果转化基础知识和相关政策、上海市科技成果转化创新改革、科技创业等方面的实际操作 3 个方面，涵盖转化方式、转化管理、技术权益、税收优惠、改革措施推进、技术转移人才、技术转移合同、公司管理、公司融资等多个环节，为科技成果转化服务提供全方位的指导。

本书编委会在编写的过程中，根据问答顺序，以"主编＋校对"的方式，统筹协同完成编写工作。本书各部分编写人员的分工如下：

第 1 至 59 问主要由许晨辉、冯天宇、傅杰编写。

第 60 至 115 问主要由陆辰君、冯天宇、傅杰编写。

第 116 至 200 问主要由邹涛、娄玲、嵇轶伦、邱杭灯编写。

全书由刘群彦统稿。

在本书编写过程中，邹叔君、李畅、宋艳菊、孟振伟、许锋、田丰、曹申、刘威、施雯、王强、汪冬梅等参与了编辑修改、文本校对等工作；上海交通大学出版社进行了最终文稿的编辑和校对。此外，本书部分参考了同行专家的成果，广泛征求了领域内专家的意见，在此一并致谢！

由于科技成果转化工作所涉及的法律政策多、资料范围广、操作实践性强，本书在编写过程中所存在的不足之处，敬请业界专家及广大读者不吝赐教，提出宝贵意见,以便我们能够不断改进和完善,进一步对我国和上海高校技术转移和科技创新事业起到促进作用。

本书编委会

2025 年 2 月　上海